JN074198

弁護士法人GIT法律事務所 編

グローバル内部通報制度の実務

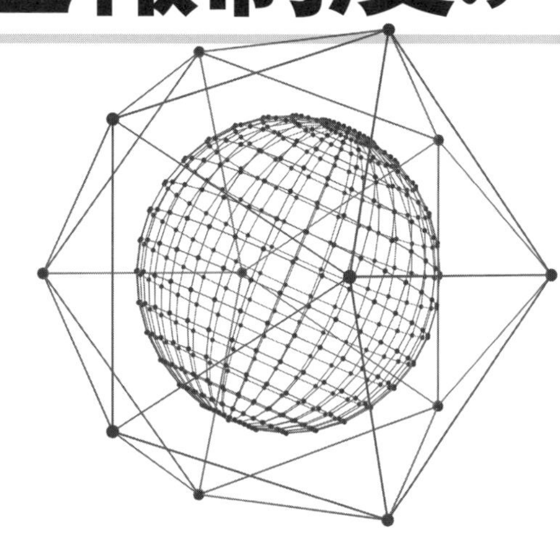

中央経済社

はじめに

現在，日本の大手企業のほとんどは内部通報制度を整備しているが，それは日本国内だけの話である。海外拠点の役職員が日本本社に直接通報することができる統一的な窓口を設置している企業は極めて少ない。

海外に積極的に進出する日本企業にとって，リスクは海外拠点の方が高い。それにもかかわらず，日本本社が主体となってグローバル内部通報制度を導入している企業が少ないのは何故であろうか。これに対し，欧米の国際的企業の大多数は10年以上前から制度を導入しており，日本企業との差は大きい。

様々な理由が考えられるが，何十という海外拠点に適用される海外法令を調査することが困難であり，日本本社の法務コンプライアンス部門のリソースを考えれば，制度導入時の負荷が高く，海外拠点の不正調査に自信が持てないなどがあげられる。

しかし，不正事件の過半数は内部通報制度を通じて発覚すると言われる今日，海外拠点の不正に関する通報を日本本社で受け付ける体制を持っていないことは内部統制上の重大な問題である。海外の子会社の管理は目が届きにくく，現地経営陣による横領や不正会計などの不正の温床となるだけでなく，アジア地域等においては贈収賄問題などの海外特有のリスクがある。

たしかに，2022年６月の改正公益通報者保護法の施行に際して，消費者庁が発表した指針に基づき多くの日本企業が体制整備を進めているものの，同法は日本にしか適用されないから，海外拠点を含めた体制構築はその対象外となっている。

そこで，本書においては，グローバル内部通報制度を導入するにあたって問題となる主な法令のみならず，具体的な導入の方法及び海外の不正調査の方法などを解説する。単に条文解釈を行うだけではなく，できるだけ具体例を盛り込み，筆者の経験に基づく実務的な対応を記載した。

特に，欧州においては，統一的な個人情報保護関連法としてGDPRのみならず，2019年に制定されたEU公益通報者保護指令に基づいた各国法を遵守する必要がある。また，中国でも個人情報保護法が2021年11月に施行されてグローバル内部通報制度を導入するにあたり現地従業員の同意が必要となる。このように，遵守すべき現地法令は多く存在する。本書では，これらの法令を遵守しつつ，実効的な通報制度を導入・運営するための現実的な施策を提示することに努めた。

本書が日本企業にとって，グローバル内部通報制度を導入するにあたり，その一助となれば筆者として望外の喜びである。

本書を執筆するにあたっては，株式会社中央経済社の末永芳奈さんに大変お世話になった。構想，構成，執筆，編集において助言をいただき，いつも見事なタイミングでリマインダーを出していただき，深くお礼を申し上げる。

2022年３月

弁護士法人GIT法律事務所
代表社員・パートナー
弁護士・ニューヨーク州弁護士　西垣　建剛

▶▶目　次

第１章　グローバル内部通報制度の概要と設計

第２章　日本の公益通報者保護法の「指針」への対応

第３章　日本の個人情報保護法

第4章　EU公益通報者保護指令 —日本法との比較

第5章 海外各国における法令遵守

第6章　海外拠点での不正と対応方法

資料

第1章

グローバル内部通報制度の概要と設計

1　グローバル内部通報制度とは

(1) 定　義

「グローバル内部通報制度」とは，海外拠点の役職員が，直接，本社の統一的な通報窓口に通報することができる制度のことである。

たしかに，ほとんどの日本の上場企業は日本国内では公益通報者保護法に基づき内部通報制度を整備している。しかし，海外子会社の役職員が日本本社の統一的な窓口に通報できる制度を導入している企業はまだ少数である。

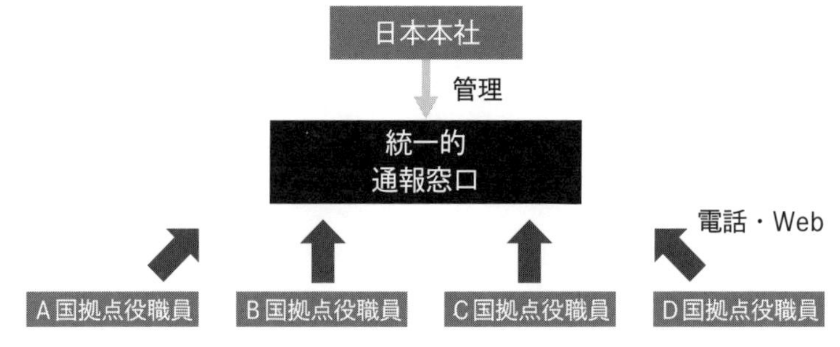

たとえば，タイの子会社の従業員がタイ子会社内の内部通報制度を通じて通報するという「現地完結型の海外通報窓口」を設けているケースは多く見受けられる。また，日本企業が買収した海外企業が既存の内部通報制度を持っている場合もある。

しかし，このような制度では，海外拠点の役職員が日本本社の統一的な通報システムを通じて，直接的に通報できるわけではない。したがって，かかる制度は「海外通報窓口」にすぎず，「グローバル内部通報制度」とは言えない。

(2) グローバル内部通報制度を導入するメリット

今日，企業不正は多くの場合，内部通報で発覚すると言われている。消費者庁が実施した調査においても，不正発覚の端緒は，内部通報が58.8％で1位であり，2位の内部監査（37.6％）を大きく引き離している（「平成28年度民間事業者における内部通報制度の実態調査報告書」）。

しかし，上記のような現地完結型の「海外通報窓口」によっては，現地拠点の経営陣の関与が疑われる重大な不正に関する情報収集は期待できない。なぜなら，現地子会社の従業員は，現地経営陣からの報復を恐れて，現地経営陣に関係する通報を行うことを躊躇するからである。

また，たとえ報復されないとしても現地で適切な調査・公平な処分が行われることは期待できず，「握りつぶし」の可能性は高い。

そこで，海外拠点における経営陣の関与が疑われる重要な不正に関して内部通報制度を通じて情報を収集するには，グローバル内部通報制度の導入が不可欠である。

特に，贈収賄，独禁法違反，会計不正，利益相反（キックバックを含む），品質偽装，税務問題等の現地経営陣が関与することも多い現地子会社における不正の発見に極めて有効な手段であるということができる。

(3) 日本企業によるグローバル内部通報制度の導入状況

前述の通り，日本企業によるグローバル内部通報制度の導入は進んでいるとは言えない。グローバル内部通報制度の受付を多言語対応で行う「NAVEX Global」によれば，その約20,000社の顧客のうち，日本企業はわずか40社しか存在しないという。

また，日本の内部通報受付業者は海外受付対応をしているものの，その対応する国・地域数は限定されており，NAVEXのような現地語による電話受付業務も限定的である。

したがって，グローバル内部通報制度を導入している日本企業はかなりの少数派と言わざるを得ない。

⑷　コーポレートガバナンス・コード

コーポレートガバナンス・コード原則２－５においては，以下の通り，記載されている。

【原則２－５　内部通報】

上場会社は，その従業員等が，不利益を被る危険を懸念することなく，違法または不適切な行為・情報開示に関する情報や真摯な疑念を伝えることができるよう，また，伝えられた情報や疑念が客観的に検証され適切に活用されるよう，内部通報に係る適切な体制整備を行うべきである。取締役会は，こうした体制整備を実現する責務を負うとともに，その運用状況を監督すべきである。

この点，本原則はグローバルに展開する日本の上場会社において，単に日本国内において内部通報制度を導入すれば足りるのではなく，グローバル内部通報制度を構築することを求めていると解釈すべきである。

なぜならば，グローバルに展開する企業においては，日本国内でのリスク管理を行うだけで足りないことは自明の理であり，日本の拠点よりも目が届きにくい海外拠点にこそ，内部通報制度を導入することで，重大な不正に関する情報を収集する必要があるからである。

また，コーポレートガバナンス・コードの補充原則において，以下の通り，経営陣から独立した窓口の設置などが求められている。

> 補充原則
> ２－５①　上場会社は，内部通報に係る体制整備の一環として，経営陣から独立した窓口の設置（例えば，社外取締役と監査役による合議体を窓口とする等）を行うべきであり，また，情報提供者の秘匿と不利益取扱の禁止に関する規律を整備すべきである。

この点，第２章においても詳述するが，グローバル内部通報制度を企業グループにおいて導入することは，グループ会社の経営陣からの独立性の確保と親和性が高い。

⑸　公益通報者保護法の改正と内部通報制度の設置義務

さらに，第２章において詳述する通り，2020年６月12日公布の公益通報者保護法の改正が施行されると，従業員数300人を超える事業者は，内部通報に適切に対応するための体制構築が法的に義務づけられる（従業員300人以下の場合は努力義務）。

グローバル内部通報制度を導入しようとする企業は，従業員数300人を超える場合が通常であると考えられるので，グローバル内部通報制度を構築する場合，同法の指針に準拠することを前提として構築を行う必要がある。

特に，同法に基づき定められた「公益通報者保護法第11条第１項及び第２項の規定に基づき事業者がとるべき措置に関して，その適切かつ有効な実施を図るために必要な指針」，及び「指針の解説」は，企業グループが統一的な通報受付窓口を設けることにつき積極的な立場をとっている。

> 「子会社や関連会社における法令違反行為の早期是正・未然防止を図るため，企業グループ本社等において子会社や関連会社の労働者等及び役員並びに退職者からの通報を受け付ける企業グループ共通の窓口を設置すること」（指針の解説8頁）。

さらに，通報制度の独立性に関して，指針は，「内部公益通報受付窓口において受け付ける内部公益通報に係る公益通報対応業務に関して，組織の長その他幹部に関する事案については，これらの者からの独立性を確保する措置をとる。」とされている。

この点，指針の解説において，その方法の一環として，「内部公益通報受付窓口を事業者外部（外部委託先，親会社等）に設置することも考えられる。」としたうえで，推奨される考え方や具体例として，「企業グループ本社等において子会社や関連会社の労働者等及び役員からの通報を受け付ける企業グループ共通の窓口を設置すること」を挙げている。この通り，独立性を確保する制度として，グローバル内部通報制度は改正後の公益通報者保護法を遵守する上でも有益なものと言うことができる。

⑹ 会社法とグローバル内部通報制度

会社においては，会社法上，取締役会等の職務として，職務執行が法令に適合することを確保するための体制の整備を規定しており，その点，取締役は善管注意義務を負う。

すなわち，「大会社」（すなわち資本金5億円以上又は負債200億円以上の会社）等[1]については，当該株式会社及びその子会社から成る企業集団

1 監査等委員会設置会社及び指名委員会等設置会社についても内部統制システムの整備が義務付けられている。

コラム　日本システム技術事件

内部統制体制の構築義務に関して，日本システム技術事件（最高裁平成21年7月9日判決・民集231号241頁）は，株主が代表取締役の内部統制制度の構築義務違反により損害を被ったとして，会社法第350条に基づき会社の責任を追及した訴訟である。これにより，最高裁は会社役員の内部統制システム構築義務違反の有無について具体的な判断を示した。

この事例は，従業員による架空売上の計上等の不正行為がなされたものである。そこで，代表取締役の内部統制システム構築義務について，以下を理由に代表取締役の内部統制システム構築義務違反を否定した。

①　通常想定される架空売上げの計上等の不正行為を防止し得る程度の管理体制は整えていたこと
②　不正行為が通常容易に想定し難い方法によるものであったこと
③　不正行為の発生を予見すべき特別な事情も見当たらないこと
④　リスク管理体制が機能していなかったということはできないこと

これをグローバル内部通報制度について検討するに，①グローバルで事業展開する会社にとって，目の届きにくい海外拠点で不正が生じうることは当然であり，②内部通報制度は，改正公益通報者保護法上，日本では一定規模以上の企業にとって構築することが義務化されているほどの内部統制制度であり，③コーポレートガバナンス・コードにおいても，上場会社において独立性の高い制度を構築することが義務づけられていることに鑑み，上記の「通常想定される不正行為を防止し得る程度の管理体制」の重大な一要素として，導入すべき体制であると考えられる。

の業務の適正を確保するための体制（内部統制）の基本方針を決定する義務を負うとされている（会社法第362条第４項第６号，同条第５項，会社法施行規

則第100条第１項第５号等)。

すなわち，①グループ企業の子会社がグループ親会社に報告する体制，②グループ会社の子会社の損失に関する危機管理の体制，及び③グループ会社の子会社の法令遵守体制につき，その業務の適性を確保するための体制を，親会社の取締役会にて構築することが求められている。さらに，会社法第２条第３号，会社法施行規則第３条第１項，第２条第３項第２号において，子会社には外国会社が含まれる。

したがって，グローバルに展開する日本企業にとって，海外子会社の管理を行うためのグローバル内部通報制度を構築することは，会社法上の内部統制構築義務の履行として重要な役割を持つ。

⑺　経済産業省の「我が国企業による海外M&A研究会」報告書

これに加え，経産省が発表した「我が国企業による海外M&A研究会」報告書（平成30年３月）においても，以下の通り，グローバル内部通報制度はその重要性が強調されている。

> 海外子会社管理においては，グローバル内部通報制度のように現地の情報を「吸い上げる」仕組みを確立することも重要といえる。
>
> 日本企業の場合，内部通報制度があっても現地法人のトップのもとで情報が止まってしまい，本社まで上申されないことが多いという指摘がある。海外子会社の実状が本社まで伝わらなければ，重大な問題やリスクが認識されず，想定した買収効果を実現できないだけでなく価値毀損を招きかねない。
>
> 内部通報制度を機能させるためには，多言語に対応し，必要であれば本社の管轄部門に直接通報できる体制，または外部委託業者を活用して本社が直接的に通報受付を管理できる体制・システムを構築することが求めら

れる。何か問題があれば，通報をはじめとする各種の報告をすることは義務であるという意識を徹底させてはじめて，通報をはじめとする各種の報告制度が機能するようになったという事例もみられる。

(8) グローバル内部通報制度の導入にあたっての障壁

では，なぜ，日本企業においてグローバル内部通報制度の導入が進んでいないのであろうか？

第一に，日本本社において海外の不正調査を行う十分なリソースが存在せず，グローバル内部通報制度を導入したとしても，通報が来た場合に海外拠点における不正調査を行うことができない場合がある。

第二に，グローバル内部通報制度を導入する際にクリアしなければならない法令上の障壁が存在する。具体的には，以下の問題がある。

① 内部通報制度は必然的に秘密性の高い個人情報を取り扱うものであるので，GDPRその他現地の個人情報保護規制を遵守する必要がある。EUのGDPR以外にも，中国，ロシア，タイなどで個人情報保護法制が制定・強化されていることに留意が必要である。

② 現地において日本の公益通報者保護法のような内部通報者保護法令が存在する場合がある。特に，2021年12月までにEU各国において内部通報者保護法令を制定することを義務づけるDirective (EU) 2019/1937 on the protection of persons who report breaches of Union lawに留意する必要がある（本書第４章参照）。

③　欧州を中心に労働法保護の一環として，内部通報制度導入に関して，従業員との間で協議（又は同意）を経ることが要求されている場合がある。

他方，グローバル内部通報制度を10年以上前から導入している先進的な企業もある。このような企業は，2001年のエンロン事件などを契機として米国企業などが積極的にグローバル内部通報制度を導入した時期に，導入した企業が多い。

しかし，その時期には，GDPRを含め個人情報保護に関する法制が存在せず，その後にこれらの法制が制定されることになった。したがって，個人情報保護などの現地法制に特に顧みることなくそのまま現在に至るケースが多い。これではコンプライアンス体制の向上を企図したグローバル内部通報制度自体が法令違反となり，本末転倒となってしまう。

2　基本的な設計と導入方法

1　本社の体制

⑴　責任者の指名

グローバル内部通報制度を導入・運用するにおいて，日本本社の法務・コンプライアンス部門の担当者数名を責任者に指名することが一般的である。法務・コンプライアンス部門全体で対応すると通報者を特定する情報の漏洩につながりやすいので，責任者を特定する必要がある。

⑵　独立性の確保

グローバル内部通報制度の通報は，海外のグループ会社の経営陣をターゲットとするものも多い。かかる現地経営陣に対する不正調査を実施するためには，独立性の確保が不可欠である。したがって，日本本社におけるグローバル内部通報制度の統括者として，法務コンプライアンス部門のトップである部長，さらにはそれを所管する役員を指定しておくことが望ましい。それに加え，取締役会，社外取締役，社外監査役等への報告ラインを設けて独立性を確保することが考えられる。さらに，コンプライアンス委員会，内部統制委員会などの独立した組織がグローバル内部通報制度を管轄する場合がある。

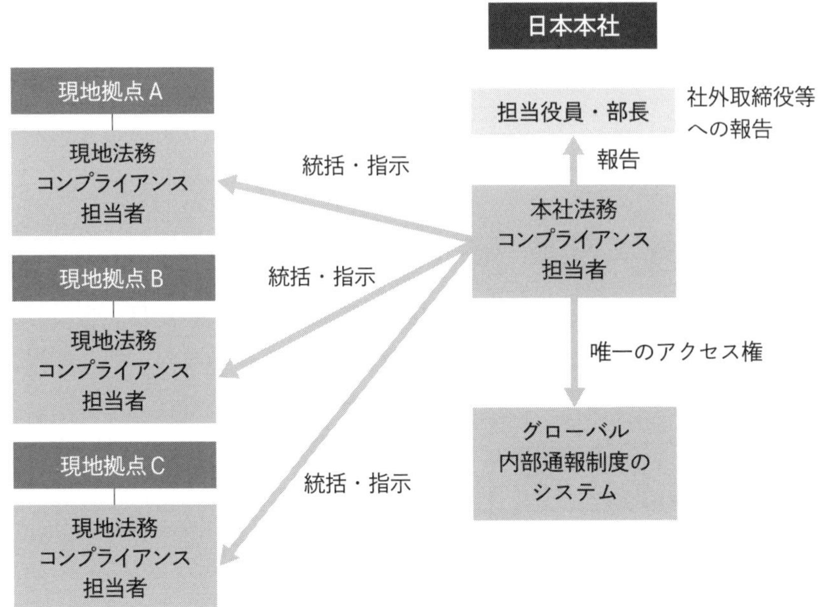

(3) 委員会制度の導入

多数の通報が寄せられ，その中から取捨選択して日本本社にて調査を実施するか，現地拠点に調査を指示するか，調査を実施しないかを判断するため，日本本社に特別に「内部通報委員会」を設置し，又はその役割を「コンプライアンス委員会」に委ねることが考えられる。たしかに，これにより「握りつぶし」を防止することも可能であるが，多数の通報を日々処理していくためには効率性に欠ける。また，委員全員に通報内容を共有すると通報者を特定させる情報の管理が甘くなる危険もある。

(4) 法律事務所などの調査リソースの確保

日本の大手上場企業は何十何百という海外拠点を持ち，何万人何十万人もの従業員を擁することも稀ではない。それ故，グローバル内部通報制度の導入により多数の通報が寄せられ，その一定数を自ら調査せざるを得ない場合，日本本社のリソースでは足りないことも多い。そこで，調査を効率的かつ適切に行うため，法律事務所などの調査リソースの確保が不可欠である。

(5) システムのアクセス権の付与

後記４の通り，グローバル内部通報制度を導入するためには，専門の通報受付会社が提供する通報システムの利用が不可欠であるが，その通報システムへのアクセス権は，法務コンプライアンス部門の責任者及びその部長に限定しておくことが望ましい。

もっとも，通報対応の公平性・客観性を確保するため，法律事務所を関与させる場合，その法律事務所の担当弁護士にアクセス権を付与する場合もある。

⑹　適切な予算の確保

グローバル内部通報制度の導入には，通報受付会社の起用，個人情報保護法その他の現地法の調査と遵守，規程類その他の策定，現地におけるトレーニングの実施などの費用を要する。また，その運用において，調査の際の法律事務所・会計事務所の起用に費用がかかる。これらの適切な予算を確保しないとその運用に支障が生じ，「制度を導入したものの必要な不正調査を実施できない」，「調査を行いたいが，本社予算ではなく事業部予算に頼らざるを得ず，事業部が調査に反対しているため調査できない」という結果に陥る可能性がある。これでは，コンプライアンスの観点から「逆効果」になってしまう。

そこで，独立性確保の観点から，適切な予算（又は予算源）の確保は不可欠である。

⑺　現地拠点の管理

下記２の通り，日本本社の責任者において，現地拠点の担当者を管理し，適宜，調査を指示するなどの体制を構築する必要がある。その他，日本本社の責任者が中心となって，現地拠点の担当者の指名，定期的な会議の実施，トレーニングの実施，調査マニュアルの策定，周知活動のサポート，アンケートの実施，現地法の改正状況の確認などが行われる。

⑻　調査情報の集中管理

日本本社又は現地拠点で調査を行う場合，その調査情報を個人情報保護関連法令又は公益通報者保護関連法令を遵守して管理すべく，日本本社を中心に，調査情報を安全性が確保されたクラウドシステムで管理するなどの集中的な管理制度を設けることが望ましい。

そのシステムでは，本社担当者が管理権限を有し，現地担当者又は不正調査のために起用した法律事務所等に対して，適宜，アクセス権を与えて秘密管理措置を実施することが妥当である。

コラム　人事部からの独立性の確保

企業によっては内部通報の窓口を人事部に設置している場合もある。これは，一般に通報の過半数が人事問題・人間関係に関するものであることを理由にすると思われる。

しかし，グローバル内部通報制度を運用するにあたって，その主な目的が現地拠点の経営陣が関与する不正の発見であることを考慮すれば，人事部が運用する必然性はない。

さらに言えば，人事部からの独立性を確保して運用することが望ましい。なぜなら，人事部は成績不良者に厳しく，通報内容がたとえ事実であっても，成績不良者が通報をすると退職勧奨を行う場合もあるからである。その結果，通報者が通報制度への信頼を失い，現地当局などへ外部通報を行う場合がある。

したがって，グローバル内部通報制度を運用するにあたっては，法務コンプライアンス部門を中心に，通報内容が客観的に調査するに値するかを公正に判断すべく，人事部門から一定の独立性を確保すべきである。この点，公益通報者保護法の「指針の解説」（８頁）においても，人事部に通報窓口を設置することにつき，妨げられるものではないが，通報者が人事部に通報することについて躊躇することが懸念として記載されている。人事部は経営陣と事実上一体であることがあるので，余裕のある大企業では人事部に内部通報窓口を置くことは避けたい。

2　現地拠点の体制

(1)　現地担当者の指名

グローバル内部通報制度の導入・実施には，現地拠点のサポートが不可欠である。日本本社だけで受け付けた通報を全て処理することは不可能である。比較的軽微な通報内容は現地に調査を指示して効率化を図る必要があり，また，日本本社が調査を行う場合であっても，現地の協力が不可欠である。そのため，グローバル内部通報制度の導入において，日本本社において，現地担当者を指名しておくべきである。現地に法務コンプライアンス担当が存在する場合には，その人物をグローバル内部通報制度の担当者として指名することが一般的である。

他方，そのような担当者が存在しない場合には，総務・経理・人事などを担当する，経営から一定の独立性を持つ管理部門の担当者を指名することが妥当である。

その理由としては，現地経営陣が関与する不正を発見するというグローバル内部通報制度の目的を達成するため，現地経営陣からの独立性を確保する必要があるからである。

(2)　アクセス権の付与

しかし，現地担当者には，法令上の必要がない限り[2]，現地担当者に対して，グローバル内部通報システムへのアクセス権を付与するべきではない。それは，現地担当者はある程度の独立性があるとしても現地経営陣に

2　イタリアのLaw 231（160頁参照）等の現地法令，EU内部通報者保護指令に基づく現地拠点における内部通報体制の構築義務に注意が必要である。

報告する立場にあることがほとんどであり，アクセス権を付与すれば現地経営陣に通報内容が筒抜けになる危険があるからである。また，現地の法務コンプライアンスの対象者が不正に関与している場合もあり，場合によっては通報対象者に含まれることもある。

そもそも，グローバル内部通報制度は現地経営陣から独立した通報ラインを設けることが「肝」であるから，原則として，日本本社の担当者のみがアクセス権を持ち，通報を受け付けた段階で，現地担当者にその通報に関する情報共有を行うかを判断するという制度にするべきである。

また，個別通報案件において，本社担当者が現地担当者等に対して通報内容を伝える場合，事前に，秘密保持義務契約を締結しておくことが望ましい（その詳細については，57頁参照）。

コラム　グループ会社の既存の内部通報制度を廃止すべきか？

グローバル内部通報制度を導入する際，現地のグループ企業が既存の内部通報制度を持っている場合，それを廃止すべきであろうか。すでに，買収した海外企業が既存の確立した制度を持っていることがある。

日本のグループ親会社において，全ての通報を吸い上げて各グループ会社の不正に関する問題を統一的に把握することを目的とする場合には，既存の制度は廃止すべきである。他方，多様なレポーティングラインがあった方が，通報者のニーズにより選択でき，通報者において現地拠点で解決が難しいと判断した場合にグローバル内部通報制度を使ってもらえばよいと考えるならば，既存の制度は維持しておくべきである。

ただ，第４章において詳述するEU公益通報者保護指令の解釈として，欧州委員会の2021年６月２日及び同月29日の質問回答書において，本社主導のグローバル内部通報制度があることだけでは，同指令により現地拠点で構築が義務づけられる内部通報体制として十分ではないという解釈が示されたことに注意を要する。

これにより，本社主導のグローバル内部通報制度と現地拠点の通報制度との両立又は調和が求められることになる。特に，グローバル内部通報制度に統一して現地拠点の既存の制度を廃止し，又は現地拠点に同指令に基づく制度を導入しない場合には，①現地の担当者にもその拠点に関する通報につき通報システムへのアクセス権を与えるか，通報者が求めた場合には必ず現地の担当者に通報内容を共有し，②通報者が求めた場合には現地担当者と通報者との会議を設定することとし，③通報規程において，グローバル内部通報制度の性質として同司令に基づく内部通報制度を兼ねていることを明記するなどの対応が求められる。

3　通報受付窓口の形態―通報受付会社の起用

グローバル内部通報制度を導入するにあたり，主に以下の方法がある。

①　自社で独自のWebページ，電子メールアドレス，専用電話回線を設けて通報を受け付ける方法（内部通報受付窓口）

②　通報受付会社に受付を委託する方法（外部通報受付窓口）

この点，グローバル内部通報制度を導入するにあたっては，②外部受付窓口を選択することが一般的である。

たしかに，自社の内部通報受付窓口を設置するだけであれば，通報受付用メールアドレス，本社の電話番号などを設定して役職員に告知すれば導入できるので，低コストであるのは間違いない。しかし，外部通報受付窓口と異なり，現地の専用電話回線を導入することはほぼ不可能である。

また，メール受付に限るとしても，通報を受け付ける度に，翻訳会社に通報の翻訳を依頼するなどの手間がかかる。加えて，万一，システムエラー等により重要な通報を受け付け損ない，または通報内容が外部に漏洩した場合，重大な法的問題になりかねない。

したがって，多言語対応が可能であり，セキュリティなどの点も含めてシステムに信頼性がある専門の通報受付会社を起用することが妥当である。

コラム　現地の法律事務所を通報窓口に指定すること

日本では外部法律事務所を通報受付窓口に指定することが多いが，海外では必ずしもそれが一般的とは言えない。

その第一の理由としては，米国などの訴訟リスクの高い国において，万が一，法律事務所が通報を受け付け損なった場合の責任を負いきれないからである。海外の法律事務所では弁護士の入れ替わりが激しく，通報受付担当弁護士がいつの間にか退職して別の事務所に異動しているということも大いにあり得る。内部通報はそれほど頻繁に行われるものではないため，海外の法律事務所において，いつの間にか忘れ去られるリスクがある。

さらに，ドイツなどの弁護士倫理上求められる利益相反の禁止の解釈が厳格な国では，通報受付担当の弁護士が通報者の代理人と見なされる可能性があり，依頼者である企業との間で利益相反が生じるリスクもある。

加えて，海外に積極的に展開する企業にとっては，各国ごとに法律事務所の受付窓口を確保して，それを管理することは極めて困難である。

したがって，グローバル内部通報制度において，管理体制を確保することができない限り，現地法律事務所を受付窓口に選定することはお薦めできない。ただし，例外的に，現地法上の特殊な要請により現地法律事務所を窓口として起用する必要がある場合もあるので，その際は日本本社により十分な管理を行うことを前提として起用することも選択肢の１つとなる。

4　通報受付会社の選定のポイント

通報受付会社を選定するにあたり，①海外独立系の企業，②大手監査法人系の企業，及び③日本の通報受付会社という選択肢がある。

以下は，筆者の経験上の一般的評価であり，個別の企業により大きな差異があるので，あくまで選定の際の一助として参照いただきたい。

(1)　海外独立系の通報受付会社

一般に，海外独立系の通報受付会社は実績も豊富で，何より多言語対応に優れており，何十もの国地域において現地の専用電話回線を導入することが可能であり，現地語で受け付けた通報も速やかに英語に翻訳するサービスがある。

また，システムの信頼性が高く，定期的にセキュリティ監査を受けるなどGDPRなどの法令遵守体制を整えている。

そのため，欧米の国際的企業の大多数はグローバル内部通報制度を導入する際，海外独立系の通報受付会社を起用することが一般的である。

ただし，日本に拠点を持たず，導入，メンテナンス，更新の際に日本語でのサポートを受けることができない。さらに，電話通報を受け付けるオペレーターの質に関しては，オペレーターが通報受付専業ではないため，高い期待はできない。

(2)　大手監査法人系の通報受付事業

大手監査法人系の通報受付事業は，海外独立系の通報受付会社に比べて対応言語・対応国が限られている。対応言語は，十数言語程度である。また，通報制度のセキュリティ・システムには力を入れているが，対応実績においては，海外独立系の通報受付会社に劣る。また，現地での電話通報受付は行っていない場合が多い。

しかし，大手監査法人系企業の日本拠点が対応するので，導入時等において日本語でのサポートを受けることができる。

⑶ 日本の通報受付会社

日本の通報受付会社は，日本語の通報に関する電話受付については専門のオペレーターを起用している企業ではその対応の質が高い。また，企業により差異があるが，GDPR対応などを積極的に進め，グローバル内部通報制度への対応サービスを充実させている企業もある。また，その導入時等において，きめ細かい日本語対応を行っている企業が多い。さらに，費用面においても，一般的にリーズナブルである。

しかし，電話通報受付に関する対応言語・対応国は，海外独立系の通報受付会社に及ばない。それぞれ，一長一短はあるが，以下の点を考慮して決定することが妥当である。

評価項目	海外独立系の企業	大手監査法人系	日本の通報受付企業
多言語対応（特に電話受付）	◎	○	△
グローバル内部通報導入実績	◎	○	△
システムの信頼性・法令遵守（特にGDPR対応）	◎	○	○
日本企業向けのサポート体制・日本拠点の通報対応	△	○	◎
費用	○	○	◎

5　導入先拠点の選定

(1)　従業員数及び事業リスクによる優先順位

日本企業グループにおいてグローバル内部通報制度を導入する場合，理想的には全ての拠点に適用することが望ましい。しかし，従業員が数人しかいない現地の駐在員事務所にまでコストをかけて導入することは費用対効果の点で現実的でない場合も多い。したがって，従業員数及び事業リスクの程度に応じて一定の基準を設けて，導入先拠点を決定していくことが望ましい。

(2)　合弁会社についての対応（出資比率が過半数の場合）

グループ企業の中に合弁企業が含まれている場合の対応が問題となる。この場合，自社グループが過半数の出資比率を有している際には比較的スムーズに導入することが可能である。

ただし，グローバル内部通報制度の導入が合弁契約に抵触しないかを確認することを要する。

また，通報があった場合の合弁パートナーとの情報共有を明確にし，合弁相手との協議を行って導入を行う必要がある。

たとえば，日本側が取締役３名，現地側が取締役２名を指名する形態の合弁の場合に，グローバル内部通報制度により，現地側の取締役２名による贈収賄などの不正を糾弾する通報が日本企業の本社に行われた場合，その通報内容を直ちに現地側と共有するような制度では，グローバル内部通報制度の趣旨を達成することはできない。また，現地側の経営陣に近い現地従業員に関する通報の場合も同様である。

したがって，グローバル内部通報制度の実効性を図るためには，日本側で通報を共有するか否かの判断のイニシアティブを確保するように合弁パートナーと協議する必要がある。

(3) 合弁会社についての対応（出資比率が過半数に満たない場合）

他方，自社の出資比率が過半数に満たず，自社が実質的に経営に関与していない場合には，グローバル内部通報制度を導入する必要がないケースが多いであろう。

判断が困難であるのは，自社の出資比率が過半数に満たないが，自社が実質的に経営に関与している場合である。

その際には，①自社の経営への関与の程度，②不正が発生した場合の自社への影響の程度，及び③不正が発生した場合に自社で不正調査を実施することが可能であるか等を考慮して，必要と判断した場合には，合弁相手の同意を得た上で導入することとなる。

6 グローバル内部通報規程その他の文書作成

(1) グローバル内部通報規程

日本本社において，グローバル内部通報規程を策定する必要がある。その具体的な内容に関しては，第２章③10及び巻末資料４のひな形を参照されたい。また，その英語を理解しない役職員も多いから，英語圏以外に拠点を有する企業においては，グローバル内部通報規程の現地語版は必須である。

また，グローバル内部通報規程につき，法律事務所に依頼し，現地法に照らして適法であるかを確認する必要がある。

また，この規程を現地拠点の取締役会等の機関決定を経ることにより，現地拠点に適用される規則にすることが望ましい。それにより，現地拠点において通報者に対して報復行為が行われた場合等において，その規則により懲戒することが可能となる。

(2) 個人情報保護関連法の遵守に必要な文書の作成等

欧州，中国，ロシア等の厳格な個人情報保護関連法が存在する国においては，その遵守のための文書を作成する必要がある。

その詳細は，第5章において記載するが，特に欧州ではGDPRを含む個人情報保護規制において必要となる文書（標準契約条項（SCC），プライバシー・ノーティス等）の作成が必要である。また，中国，ロシア等においては，個人情報の域外移転のために現地拠点の役職員から個人同意が必要な場合もあり，時間がかかるので，注意が必要である。

また，現地の個人情報保護法制上，当局への届出が要請される国があるので（ロシア，スイス，トルコ等），その対応が必要となる。

(3) その他の文書

その他，通報受付・調査マニュアル，現地拠点の役職員への周知のための通知文書，ポスターなどを作成することが一般的である。これらは必要に応じて日本語・英語のみならず現地語で作成される。

7　ワークス・カウンシルとの協議

欧州各国の現地法において，内部通報制度を導入するにあたり，ワークス・カウンシル（労使協議会）との協議又は合意が要求されている場合がある（第5章参照）。内部通報制度を導入するにあたり，通常はワークス・

カウンシルとの協議を行えば足りるが，ドイツなどでは共同決定（codetermination）が要請される。したがって，導入スケジュールを検討するにあたってその手続に要する期間を考慮しておく必要がある。

また，労働組合が組織されている現地拠点においては，念のため労働組合との合意事項にグローバル内部通報制度の導入が抵触しないかを確認しておくことが推奨される。しかし，法律上，内部通報制度の導入につき労働組合との協議などが要請されることは一般的にはない（ただし，中国の労働契約法に関する議論につき第5章，148頁参照）。

8　周知活動

せっかくグローバル内部通報制度を導入しても，周知活動が不十分であるため，通報件数が伸び悩む企業も多い。そのため，制度の導入時はもちろん，その後も継続的に周知活動を行っていく必要がある。

まず，導入時には，現地対象役職員に対してメールで通知するとともに，イントラネットに規程類及び通報方法などを掲載する必要がある。また，現地説明会又はWeb説明会を実施して，通報の手段方法のみならず通報者に対する報復禁止を含む事項を周知徹底する。

また，各事業所の見えやすい場所に周知啓発用のポスターを掲示し，役職員に対して携行カード（通報受付用の電話番号及び通報受付Webページを記載）を配布するなどの活動も行われる。

さらに，導入後も，継続的に周知率を向上させるために，各種コンプライアンス研修時に広報を行い，周知率及び信頼度を確認するためのアンケート調査を実施するなどの活動を続けていくことが推奨される。

▶グローバル内部通報制度の導入ステップ

Step1　グローバル内部通報制度を導入する拠点を確定

⬇

Step2　内部通報受付会社の選定

⬇

Step3　規定類の作成，現地法レビュー，現地語への翻訳

⬇

Step4　現地法上，要請される届出，Works Councilとの協議などの実施

⬇

Step5　現地説明会の実施・導入

第2章

日本の公益通報者保護法の「指針」への対応

1　公益通報者保護法の改正

1　主な改正点

2020年６月12日，公益通報者保護法の一部を改正する法律（令和２年法律第51号。以下，本章において単に「改正法」とする）が公布された。改正法は公布の日から起算して２年を超えない範囲内において政令で定める日，すなわち2022年６月１日から施行される。

改正法の要点は，以下の通りである。

① 事業者に対し，内部通報制度の整備を義務づける（従業員300人以下の場合は努力義務）。
② 内部通報制度の運営に従事する者に対して，通報者を特定する情報の漏洩を禁止し，違反者には刑事罰を導入（30万円以下の罰金）。
③ 保護される通報者の対象を現在の労働者に限らず，退職者（退職後１年以内），役員を含む。
④ 保護される通報内容を刑事罰の対象となる法令違反のみならず行政罰の対象事実を含む。
⑤ 事業者は通報者に対して通報により損害を受けたことを理由として，損害賠償請求をすることができない。
⑥ 行政機関等への通報の要件を緩和した。

2　消費者庁の「指針」と「指針の解説」

さらに，2021年８月20日，消費者庁は，上記①の内容を具体化するため，「公益通報者保護法第11条第１項及び第２項の規定に基づき事業者がとるべき措置に関して，その適切かつ有効な実施を図るために必要な指針」（令和３年８月20日内閣府告示第118号。以下，「本指針」とする）を公表し，同年10月，その解説（以下，「指針の解説」という）を発表した。

指針の解説は，従前の「公益通報者保護法を踏まえた内部通報制度の整備・運用に関する民間事業者向けガイドライン」の内容を盛り込んだものであり，今後，企業が内部通報制度を導入する際の重要な指針となる。

特に，従業員300名超の企業は，改正法第11条に基づき，内部通報体制を構築する義務を負い，必要な場合，消費者庁長官は，報告徴収，助言，指導，勧告をすることができ，勧告に反した場合には違反した事業者を公表することが可能であるので注意が必要である（改正法第15条，16条，19条）。

したがって，日本企業がグローバル内部通報制度を導入するにおいて，日本のグループ企業に制度を導入する場合には，本指針及び指針の解説の検討が不可欠となる。

特に，指針の解説は，あくまで日本国内においてのみ適用される公益通報者保護法の指針の解説ではあるが，第４章において詳述するEU Whistleblower Protection Directiveの内容とも共通する部分がある。したがって，日本の事業に限らず海外事業におけるグローバル内部通報制度を構築するうえでも，その指針とすることが可能である。

2 「従事者」の定め（改正法第11条第１項）

1　従事者指定義務

改正法第11条第１項においては，事業者は，公益通報を受け，並びに当該公益通報に係る通報対象事実の調査をし，及びその是正に必要な措置をとる業務に従事する者を定めなければならないとされている。同法上，このような者は「公益通報対応業務従事者」と定義されているが，以下，単に「従事者」と呼ぶ。

この点，本指針では，第一に，以下の通り，従事者の指定義務を定めている。

指針

事業者は，内部公益通報受付窓口において受け付ける内部公益通報に関して公益通報対応業務を行う者であり，かつ，当該業務に関して公益通報者を特定させる事項を伝達される者を，従事者として定めなければならない。

⑴　従事者指定の必要性

指針の解説においては，この趣旨は，公益通報対応業務（すなわち，公益通報を受付，調査し，是正措置を行うという業務）のいずれの段階においても，通報者を特定させる事項の漏洩を防ぐ必要があると説明されている。

さらに，その従事者の対応業務が内部公益通報受付窓口として受け付ける通報に限定されている点に注意を要する。それは，不正の告発は，部下が上司に報告する一般的なレポーティングラインでも行われることがあり，その際にその関係者が誰から不正を聞いたかを関係者に述べたからといって，通報者を特定する情報を漏洩したとして刑事罰の対象とすることは不合理であるからである。やはり，通報者特定情報の漏洩に対する刑事罰は，事業者の通報受付窓口として受け付ける通報に限定しないと，刑事罰の対象が不当に広がってしまい不合理な結果に陥る。

⑵　グローバル内部通報制度における「従事者」の指定

グローバル内部通報制度を運用する場合，「従事者」は，通常，日本本社の法務コンプライアンス部門の担当者が就任することとなる。その従事者は，グローバル内部通報制度のシステムへのアクセス権を付与された者となろう。しかし，その従事者の上司（たとえば，法務部長）にシステムへのアクセス権を付与していない場合であっても，頻繁に上司に通報者特定情報を提供することが必要である場合には，従事者に指定する必要がある。

なお，指針の解説５頁の注５においては，事業者が定める正式な窓口連絡先（電話番号，メールアドレス等）に直接通報された場合だけではなく，従事者の個人メールアドレスに通報があった場合も通報の受付に含まれるとしている。

この点，グローバル内部通報制度を運用する場合，通報システムを通じた情報管理を徹底するため，従事者が誰であるかについては開示せず，従事者の個人メールアドレスに通報がこないように対応することが望ましい。

2 従事者の指定方法

指針

事業者は，従事者を定める際には，書面により指定をするなど，従事者の地位に就くことが従事者となる者自身に明らかとなる方法により定めなければならない。

(1) 書面等による従事者の指定の必要性

この点，指針の解説では，従事者が通報者特定情報の漏洩の罪により予期せず刑事罰を科される事態を防ぐため，従業者を指定する場合には，書面指定などにより，従業者の地位に就くことが本人に明らかになる方法で行うべきであるとしている。

グローバル内部通報制度を実施する場合でも，法務コンプライアンス部門等の所管部署のどの担当者が従事者となるかを，書面で通知することが妥当である。内部規程などにより「法務コンプライアンス部において内部通報システムにアクセス権限を付与された者（及びその直接の上司）を公益通報者保護法の公益通報対応業務従事者とする。」と規定することにより従事者を定めることも可能であるが，やはり本人に明らかになるように書面で通知するほうが確実である。

(2) グループ会社の従事者の指定方法

改正法の遵守のため，少なくとも従業員数300名超の改正法において体制整備が義務づけられる日本所在のグループ子会社・関連会社では，その会社ごとに従事者を指定する必要がある。

その場合，グループ親会社おいては，各グループ会社の従事者を把握しておく必要がある。そこで，グループ親会社が内部通報規程のひな形を作成して各会社でそれを規則化する際，その規程において，①グループ親会社の法務コンプライアンス部門が指定した者が各企業において従事者になると規定するか，②各社のコンプライアンス責任者をあらかじめ従事者として指定し，その者が調査などの必要性に応じて新たに従事者を指定することができるが，その場合にはグループ親会社の法務コンプライアンス部門に報告する必要がある旨を規定することが考えられる。

このように，グループ全体で従事者を管理して，範囲外共有を防止する必要がある。

⑶　通報受付会社の従業員は「従事者」か？

指針の解説では，従事者を事業者外部に委託する際においても，従事者となる者自身が従事者であることが明らかとなる方法により定める必要があるとする。この点，グローバル内部通報制度を導入する場合，海外の事業者に受付業務を委託することも多いが，そのような通報受付会社の従業員も従事者になり得るであろうか。

この点，受託企業の受付担当者を従事者として指定することは現実的とは言えない。

たしかに，通報受付業者において守秘義務契約等を通じてその従業員に秘密を厳守させる必要がある。しかし，プラットフォームを提供するにすぎない通報受付会社の従業員は，内部通報制度に主体的に関与する者ではないから，従事者ではなく，したがって改正法第11条第１項の従事者には該当しないと解釈することも可能であると考える。

3　内部通報体制整備義務（改正法第11条第２項）

1　通報受付窓口の設置

指針

内部公益通報受付窓口を設置し，当該窓口に寄せられる内部公益通報を受け，調査をし，是正に必要な措置をとる部署及び責任者を明確に定める。

⑴　通報受付窓口の設置と部署・責任者の明確化

指針では，通報受付窓口を設置し，通報受付，調査，及び是正措置をとる部署及び責任者を明確にすることが求められている。

第１章において詳述したが，グローバル内部通報制度を導入する場合，通報受付窓口は，グループ親会社が管理をする受付窓口となり，その担当部署及び担当者は通常はグループ親会社の法務コンプライアンス部門及びその担当者，及びそれに報告を要する各子会社・関連会社の担当部署・担当者ということになる。

⑵　グローバル内部通報制度と指針の解説

指針の解説では，通報窓口を企業グループ本社に設けて子会社・関連会社における違法行為の早期是正・未然防止を行うことが推奨されている。

ここでは，子会社・関連会社を日本国内の子会社・関連会社に限定する趣旨とは考えられないから，指針はグローバル内部通報制度の導入と親和性があると言える。

特に，消費者庁発表の「公益通報者保護法の一部を改正する法律（令和２年法律第51号）に関するＱ＆Ａ（改正法Ｑ＆Ａ）においては，「グループ全体としての体制整備の一環で，子会社の従業員が行う公益通報の窓口は親会社とされている場合もあると考えられます。このように，子会社が，自らの内部規程において定めた上で，通報窓口を親会社に委託して設置し，従業員に周知しているなど，子会社として必要な対応をしている場合には，体制整備義務を履行していると評価できるものと考えられます。」とされている。

(3)　複数の窓口の設置

指針の解説では，「組織の実態に応じて，内部公益通報受付窓口が他の通報窓口（ハラスメント通報・相談窓口等）を兼ねることや，内部公益通報受付窓口を設置した上，これとは別に不正競争防止法等の特定の通報対象事実に係る公益通報のみを受け付ける窓口を設置することが可能である。」としている。

公益通報者保護法により保護される範囲は，刑事罰及び行政罰（改正法による場合）が適用される法令違反に限定されているが，グローバル内部通報制度の通報事項はこのように限定されることはなく，企業の内部規則違反，ハラスメントを含むことが一般的である（ただ，相談窓口などを通じて法令・内規違反を超えて広く相談を受け付ける企業もあるが，グローバル内部通報制度の場合，日本のグループ親会社において広い意味での相談を受け付けることはマンパワー的にも困難であると考えられる）。

また，不正競争防止法違反（特に同法第18条の外国公務員贈賄罪）及び独禁法違反のみを受け付ける窓口を設ける企業も存在する。特にこれらの点でリスクが高い企業においては，別途，かかる通報窓口を設けて積極的に情報収集を行うことも考えられる。ただ，グローバル内部通報制度を導入する際，いくつも通報窓口があること自体が海外拠点において混乱を招くこともある点にも留意が必要である。

加えて，指針の解説では，調査・是正措置の実効性を確保するための措置を講じることが必要であるとしたうえで，「例えば，公益通報対応業務の担当部署への調査権限や独立性の付与，必要な人員・予算等の割当等の措置が考えられる。」としている。

この点，グローバル内部通報制度を導入する場合，日本本社の法務コンプライアンス担当者の調査権限が不明確であることも多い。また，何十，何百という海外子会社の通報制度を統括する立場にある日本本社においてすら十分な必要人員が確保されておらず，調査の予算なども限られている場合がある。この点，欧米のグローバル企業においては，高いコスト意識を持ちつつも潤沢な予算が割り当てられ，十分な人材が投入されていることが多く，日本企業として見習うべき点があると考えられる。

コラム　不正調査の際に特別に開設する通報受付窓口への通報又はアンケート調査に対する回答が公益通報者保護法により保護される通報に該当するか？

不正調査を実施する際，インタビュー対象者のみならず社員から広く実名又は匿名で調査中の不正に関する事実及び類似の違反事例を確認するために，通報窓口を設けたり，アンケート調査を実施することがある。かかる通報窓口に行われた通報又はアンケート調査への回答が，公益通報者保護法上の通報対象事項（刑事罰，行政罰（改正法が適用される場合）が適用される法令違反事項）に該当する場合，同法が適用されるものと考えられる。なぜなら，企業が一般的に部門横断的に設ける内部通報窓口に通報することが同法上の保護の要件にはなっておらず，アンケート調査のように従業員が質問に対して回答する場合であっても自主的に回答するものである以上，公益通報として保護されるべきであるからである。

したがって，不正調査を実施する弁護士，会計士，事務局担当者を従事者として指定すべきであり，従事者が通報者を特定する情報を漏洩した場合には，改正法第12条，第21条により刑事罰の適用を受ける可能性がある。

他方，かかる不正調査のために設置された通報窓口は改正法第11条２項により設置が求められる「内部公益通報受付窓口」には該当しないと考える。なぜなら，この制度は平時から企業が部門横断的な受付窓口を設けることを義務づけるものであり，不正調査のように有事に特定の事項に関する調査のために特設される窓口を想定するものではないからである（指針の解説７頁の「②指針の趣旨」参照）。そのため，不正調査のために設置された通報窓口は，必ずしも指針に従って制度構築する必要はない。

2　独立性の確保に関する措置

指針

内部公益通報受付窓口において受け付ける内部公益通報に係る公益通報対応業務に関して，組織の長その他幹部に関係する事案については，これらの者からの独立性を確保する措置をとる。

(1)　独立性確保の重要性

グローバル内部通報制度を導入するにおいて，独立性の確保は極めて重要な問題である。その主な制度目的は，海外子会社・関連会社のトップを含む経営陣の不正に関する情報を入手して積極的に是正することにあり，そのような通報がなされることも実際上，多い。その場合に，日本本社でグローバル内部通報制度を運用する法務コンプライアンス部門に対して，様々な圧力が加えられることもあり得る。

現地拠点の大きな不正が問題になっているにもかかわらず，現地の経営陣をかばおうとする勢力から，そのような不正も「郷に入りては郷に従え」として許されるべきではないか，などという意見が出てくることもある。そのような圧力に屈することなく調査を実施して是正措置を行うには，独立性の確保が必要不可欠である。

そこで，第１章に記載の通り，グローバル内部通報制度を統括する者として，法務コンプライアンス部門のトップである部長，さらにはそれを所管する役員を指定し，さらには，開設の指針にもある通り，社外取締役や監査機関（監査役，監査等委員会，監査委員会等）にも報告する体制を構築しておくことが望ましい。

(2) 現地拠点の法務コンプライアンス担当者の独立性

グローバル内部通報制度の受付窓口に寄せられる通報には，軽微なハラスメント案件も多く寄せられるので，その全てを日本本社の法務コンプライアンス部門が調査をするわけにはいかず，現地の法務コンプライアンス担当者において調査を実施する必要があることも多い。

さらに，重要案件であっても，現地の法務コンプライアンス担当者の力を借りて調査をすることも多い。その場合，現地の法務コンプライアンス担当者の独立性が確保され，中立的な立場で調査することができるかを確認する必要がある。

3　受付・調査・是正・是正の確認

指針

内部公益通報受付窓口において内部公益通報を受け付け，正当な理由がある場合を除いて，必要な調査を実施する。そして，当該調査の結果，通報対象事実に係る法令違反行為が明らかになった場合には，速やかに是正に必要な措置をとる。また，是正に必要な措置をとった後，当該措置が適切に機能しているかを確認し，適切に機能していない場合には，改めて是正に必要な措置をとる。

(1) 受　付

①　匿名通報

指針の解説では，匿名通報も受け付けることが必要であると明言されている。これは，法文，指針ではなく指針の解説レベルで記載されているが，グローバル内部通報制度を語るうえでは，極めて重要なポイントである。

言うまでもなく，匿名通報を認めれば，いわば「言いたい放題」であるから，被通報者についての誹謗中傷，嫌がらせ目的の通報が多くなる。しかし，匿名通報であっても調査せざるを得ないから，たとえ事実無根であったとしても被通報者その他の関係者に対して一定の負荷をかけることになる。

加えて，通報者が特定できなければ，当人にインタビューすることができず，通報に記載されたわずかな情報を手がかりに調査を行うことは実際上，困難である。

他方，いくら公益通報者保護法により通報者を特定する情報が厳格に管理され，報復が禁止されるとはいっても，通報者の側からすれば，自らの上司や経営陣に関する通報を行うので，万一通報したことが明らかになれば，何らかの形の報復を受けることを危惧して匿名通報を選択しがちであることは当然である。

そのため，実名通報に限って通報を受け付けるとすれば，通報件数は著しく低くなるおそれがある。この点，指針の解説では，その理由付けとして，匿名通報であっても，法の要件を満たす通報は，平等に保護されるから範囲に含めるべきとしている。

② 通報対象者の範囲

通報対象者の範囲として，指針の解説（11頁）は，法に定める役職員（退職者については退職後１年以内の者）だけではなく，それ以前に退職した者及び子会社・取引先の役職員（退職者を含む）を含むことが望ましいとする。グローバル内部通報制度の実施にあたっては，これらの者を通報者に含めることが一般的であるが，取引先の役職員に関しては，含めない場合もある。

この点，不正防止の観点（特に，キックバック，利益相反，贈収賄防止）からは商流の全ての段階においてコンプライアンスを徹底することが望ましいから，その情報を直接知りうる立場にある取引先の役職員を含め，その取引先に対しても自社グループの通報制度に通報可能であることを周知することが望ましい。

しかし，自社グループ外の者からの通報を認めると，業務妨害的な通報が行われることもあるので，効率的なコンプライアンス・リソース活用の観点からは取引先を含めないという選択もあり得る（ただし，改正法第２条第１項第３号，第４号ロにおいて，取引先の労働者等からの通報も保護対象であるので，統一的制度の構築という観点からは，海外からの通報を含め取引先の役職員からの通報も対象にすることが考えられる）。

⑵　調　査

①　「正当な理由がある場合を除いて」調査をする必要性がある

指針では「正当な理由がある場合を除いて」，必要な調査を実施することが義務づけられている。この点，グローバル内部通報制度に限らず，内部通報制度を導入している日本企業において，通報を受けつつ十分な調査を実施していない企業も見受けられる。

通報を受けつつ十分に調査をせずに是正措置を行わない場合，隠蔽したものと見なされて，かえって企業の信用を低下させることになる。

したがって，いかに会社にとって不都合な内容が記載されていたとしても調査を実施し，決して握りつぶしてはならない。調査の方法については第６章を参照されたい。

②　「正当な理由」の例

指針の解説では，調査を行わない「正当な理由」として，解決済みの案件に関する情報が寄せられた場合，及び通報者と連絡がとれず事実確認が困難である場合が挙げられている。

その他，実務で頻繁に直面するケースとして，通報内容が単に給与などの処遇の不満や同僚との人間関係のもつれによるものであり，パワハラなどの通報対象事項に該当しない場合がある。

その場合には，通報内容を丁寧に確認したうえで，通報者本人に対して，通報対象事項に該当しないので法務コンプライアンス部門としては取り扱うことができないこと，そのような問題は人事部と相談するべきことを説明することで対応すべきである。

③　解雇を免れるための通報

業務成績が低い従業員が解雇を免れるべく，報復禁止措置を悪用する目的で通報するケースも存在する。そのような不正な意図による通報は，少なくとも理論的には公益通報者保護法の「公益通報」の要件である「不正の利益を得る目的，他人に損害を加える目的その他の不正の目的でなく」（第２条第１項）に該当しないから，同法の保護には値しない。しかし，その不正な意図を裁判所で立証することは通常困難である[3]。したがって，通報受付担当者において保護に値しないと考えたとしても，通報内容を客観的に判断して通報対象事項に該当する場合には調査を実施する必要がある。

注意が必要であるのは，人事部に通報内容を共有して通報者を特定する情報を共有した場合，改正法第12条，第21条により従事者による通報者情

3　「不正の目的があったこと」の立証責任が事業者側にあるとした裁判例（大阪高裁平成21年10月16日判決（神戸司法書士事務所事件控訴審）

報漏洩罪に該当する可能性があるという点である。

そこで，人事部との連携が必要である場合にはかかる人事担当者を従事者として指定するなどの対応をとる必要がある。特に，人事部が並行して解雇手続を進めており，解雇すれば調査に支障が生じる場合には連携が必要となる。

また，人事部が通報内容の共有を受けた場合，その情報を通報者の退職勧奨の一材料として用いる危険がある。これは公益通報者保護法の報復禁止に該当する可能性があるので，法務コンプライアンス担当者は人事部担当者にあらかじめ注意しておく必要がある。

④　通報者の意思に反して行う調査

指針の解説では，通報者の意向に反して調査を行うことも可能であると記載されている。その場合，通報者とのコミュニケーションを十分にとることを努め，プライバシー等の通報者の利益が害されないよう配慮することが求められる。

たとえば，セクハラの被害者が通報してきたが，怖くなって通報を取り下げ，被通報者の聞き取りなどの調査を行わないで欲しいと求めてきた場合がこの典型例である。これを放置すればセクハラが継続し，通報者以外にも被害が拡大する可能性がある。

したがって，企業としては，重大なハラスメント案件において通報内容に信憑性がある場合，通報者を説得して協力を求めるとともに，通報者の希望も聞きながら一時的に配置転換，休職を行うなどの保護措置を導入するなどして，調査を実施することが求められる。

他方，軽微なハラスメント案件又は通報者から協力が得られずハラスメントの具体的な内容が分からない場合には，調査を打ち切ることを検討すべきと考える。

コラム　職制上のレポーティングラインと内部通報窓口

指針の解説では，職制上のレポーティングライン（すなわち，上司等への報告）やその他の労働者等及び役員に対する報告についても内部公益通報に該当し得るとしている（7頁注11）。このような通常のレポーティングラインと内部通報窓口の関係はどのように理解されるべきであろうか。

この点，指針の解説は以下の通り説明している。

- 企業の組織として，直接又は間接の上司等に相談や通報が行われた場合に適正に対応されるような透明性の高い職場環境を形成することが望ましいとしている（7，8頁注12）。
- さらに，通報者を特定させる情報の従事者以外への共有（範囲外共有）につき，上司等が従事者として指定されていないことも想定されるが，その場合であっても，事業者において整備・対応が求められる範囲外共有等を防止する体制の対象とはなるものであり，当該体制を含めて全体として範囲外共有を防止していくことが必要であるとしている（15頁末尾から16頁）。
- しかし，他方で，「内部公益通報受付窓口に内部公益通報した場合と従業者ではない職制上のレポーティングライン（いわゆる上司等）において内部公益通報をした場合とでは公益通報者を特定させる事項の秘匿についてのルールに差異がある」とし（19頁本文），そのような者に対する通報は従事者と異なり刑事罰が適用される範囲外共有の問題とはならないとしている。ただ，「従事者以外の者については社内規程において範囲外共有の禁止を徹底させること等が考えられる」ともされている（19頁注36）。
- また，上司等が通報を受けた場合において，通報受付窓口に連絡するように教育・周知する等の対応が求められるとしている（21頁本文）。さらに，この点について「例えば，内部公益通報を受けた者が公益通報者の上司等である場合において，公益通報者から単なる報告ではなく公益通報であるとしてその受領の通知を求められている場合には，公益通報者のプライバシー等に配慮しつつ内部公益通報受付窓口にその通報内容を伝え，公益通報者本人にこれを行った旨を通知することも考えられる。」としている（21頁注39）。

たしかに，公益通報者保護法第２条第１項の「公益通報」の定義として，通報先は「当該役務提供先若しくは当該役務提供先があらかじめ定めた者」とされており，その「当該役務提供先」には，事業者が設けている通報窓口（ヘルプライン等），相談窓口，コンプライアンス部門などに加え，当該通報者の上司，当該問題の責任者などが含まれると解されている[4]。

しかし，たとえば上司Ａがその部下Ｂからある事業活動に関する法令違反の疑いの相談を受けた場合，それを必ず内部通報窓口に通報しなければならないという規則を設けることは現実的とはいえない。また，上司Ａがさらにその上司に相談をする場合に，「部下Ｂから聞いた話なのですが……」と説明したとして，それが範囲外共有の問題になるという結論も合理的ではない。事業活動を行ううえで様々な法令違反の問題が生じ，それを通常のレポーティングラインの中で解決していくことは健全な企業活動である。

したがって，上記の「指針の解説」で求められる対応としては，上司等が部下から通常のレポーティングラインでは解決することができない法令違反について他者に口外しないことを前提に打ち明けられた「公益通報」に限定して，範囲外共有に注意し，上司等において部下の意向を確認しながら内部通報窓口の利用を行うことなどを推奨するという限度に止まるものと考えられる。

4　「逐条解説・公益通報者保護法」消費者庁消費者制度課編（2016年４月15日）62頁参照

(3) 是正措置

指針の解説（11頁）では，調査の結果，法令違反等が明らかになった場合には，必要に応じ，関係者の社内処分を行う等，適切に対応し，必要があれば，関係行政機関への報告等を行うものとされている。

また，是正措置が適切に機能しているかを確認する方法として，是正措置から一定期間経過後に改善状況に関する調査を行う，特定の個人が被害を受けている事案では，問題があれば再度申し出るように通報者に伝えるなどとされている。

指針の解説には具体的に記載されていないが，不正調査により不正が発見された場合，再発防止策として，社内規程・制度の改訂，トレーニングの実施などの周知徹底，トップメッセージなどを通じた社内意識改革などを実施していく必要がある。

また，上記の通り，指針の解説には「必要があれば，関係行政機関への報告等」を行うと書かれているが，刑事事件の場合には，捜査当局に自首，告訴・告発を行い（司法取引―協議合意制度―を活用する場合もある），あるいは主務行政官庁に対して不正を申告することもある。これは高度な経営判断を要する事項であり，慎重に検討のうえ，実施する必要がある（第6章参照）。

4　利益相反の排除に関する措置

指針

内部公益通報受付窓口において受け付ける内部公益通報に関し行われる公益通報対応業務について，事案に関係する者を公益通報対応業務に関与させない措置をとる。

(1)　現地拠点の経営陣・人事担当者等に関する通報

グローバル内部通報制度において，海外子会社の経営陣又は人事担当者を被通報者とする通報がなされる場合がある。日本の公益通報者保護法は海外からの通報に対しては適用されないと考えられるが，当然，利害関係者を事件に関与させてはならないのは不正調査実務の基本的原則である。したがって，かかる利害関係者については，調査に関与させないだけでなく，そもそも通報があったという事実すら共有すべきではない。

(2)　従事者を被通報者とする通報

グローバル内部通報制度を実施する場合，日本本社の法務コンプライアンス部門の担当者が従事者として一次的に通報への対応を行うが，その通報担当者自身を被通報者とする通報がなされることもある。

たとえば，通報担当者の通報への対応が不十分である，不親切であるといった通報がなされることがあるが，この場合にはそもそもその通報が通報対象事項に該当しない場合が多いので，特段，その対応を行った者をその対応から外す必要はなく，通報対応業務に対する意見として，上司などと相談して対応すれば足りる。

ただ，その通報内容が真に日本の法務コンプライアンス担当者の不正行為を指摘するものである場合には，その担当者はその通報の調査・是正措置に関与することは許されない。

⑶　顧問弁護士を通報窓口とすること

指針の解説においては，顧問弁護士を通報窓口にすることに消極的な立場がとられている。これは，顧問弁護士は経営者と一体と見なされ，通報者が通報を躊躇するおそれがあるからである。また，調査業務などを法律事務所等に外部委託する場合にも，中立性・公正性に疑義が生じる場合には，利益相反の観点から，その起用を避けるべきであるとされている。

たしかに，経営者の不正が問題となっている件につき，その経営者と関係の深い法律事務所に調査を委託すれば，公正な不正調査を期待することはできない。

しかし，企業が不正調査の度に，これまで全く別件で依頼をしたことがない法律事務所を新たに起用することも現実的ではない。

不正調査を適正かつ効率的に実施することが可能である法律事務所の数は限られており，従前の依頼を通じた信頼関係の存在も重要である。したがって，中立性・公正性は，従前の依頼関係があるという一因をもって疑義が生じるという趣旨ではなく，事案ごとに個別具体的に判断されるものと考える。

5　通報者に対する不利益な取扱いの防止

指針

イ　事業者の労働者及び役員等が不利益な取扱いを行うことを防ぐための措置をとるとともに，公益通報者が不利益な取扱いを受けていないかを把握する措置をとり，不利益な取扱いを把握した場合には，適切な救済・回復の措置をとる。

ロ　不利益な取扱いが行われた場合に，当該行為を行った労働者及び役員等に対して，行為態様，被害の程度，その他情状等の諸般の事情を考慮して，懲戒処分その他適切な措置をとる。

⑴　報復禁止（non-retaliation）

グローバル内部通報制度では，一般に，「報復禁止」（non-retaliation）と呼ばれる基本的な原則が指針に明記されている。自らが上司の不正に関して通報をすることを想像すれば，この要請がいかに重要なものであるかは自明の理といえよう。ほぼ全ての通報者が通報による報復を恐れているといっても過言ではない。

また，指針では，単に報復禁止というだけではなく，積極的に報復を受けていないかを把握する努力を行い，報復の事実を把握した場合には適切な救済・回復の措置をとるとともに，それを行った者に対する懲戒その他の措置が必要であることを網羅的に記載している。

⑵　不利益取扱いの例

指針の解説においては，「不利益な取扱い」の内容として，以下のものを例示している。

- 労働者等たる地位の得喪に関すること（解雇，退職願の提出の強要，労働契約の終了・更新拒否，本採用・再採用の拒否，休職等）
- 人事上の取扱いに関すること（降格，不利益な配転・出向・転籍・長期出張等の命令，昇進・昇格における不利益な取扱い，懲戒処分等）
- 経済待遇上の取扱いに関すること（減給その他給与・一時金・退職金等における不利益な取扱い，損害賠償請求等）
- 精神上・生活上の取扱いに関すること（事実上の嫌がらせ等）

また，そのような報復を防止する手段として，役職員に対する教育・周知，通報窓口において報復に関する相談を受け付けること，被通報者への事前の注意喚起などを例示している。

さらに，積極的に報復が行われていないかを把握する手段として，通報者に対して能動的に確認すること，報復が行われた場合は担当部署に連絡するよう伝えておくことなどが考えられるとしている。

また，推奨される取り組みとして，指針の解説では，関係会社・取引先から通報を受け付けている場合，通報にかかる秘密保持に十分に配慮しつつ，可能な範囲で，関係会社・取引先に対して，①通報者へのフォローアップや保護を要請する等の必要な措置を講じ，②関係会社・取引先において，是正措置等が十分に機能しているかを確認することが望ましいとしている。

(3) グローバル内部通報制度における実効性のある「報復禁止」措置

この点，グローバル内部通報制度を導入する際，グループ企業において報復行為が行われないように，日本本社の担当部門が積極的にイニシアティブをとって対応していく必要がある。

欧米の企業と異なり，日本企業の法務コンプライアンス部門は現地従業員の懲戒を判断する権限を持っていないことも多いが，有益な通報をしたにもかかわらず現地で報復行為が行われ，それを静観しているようではグローバル内部通報制度の信用がなくなる。

したがって，グローバル内部通報制度の規程においては報復禁止を明記するとともに，それを現地企業の規程として現地の取締役会等で承認をしてもらい，報復が行われた場合には速やかに懲戒を行うことができる体制を整えておく必要がある。

6　範囲外共有等の防止に関する措置

指針

イ　事業者の労働者及び役員等が範囲外共有を行うことを防ぐための措置をとり，範囲外共有が行われた場合には，適切な救済・回復の措置をとる。

ロ　事業者の労働者及び役員等が，公益通報者を特定した上でなければ必要性の高い調査が実施できないなどのやむを得ない場合を除いて，通報者の探索を行うことを防ぐための措置をとる。

ハ　範囲外共有や通報者の探索が行われた場合に，当該行為を行った労働者及び役員等に対して，行為態様，被害の程度，その他情状等の諸般の事情を考慮して，懲戒処分その他適切な措置をとる。

⑴ アクセス権の制限

この指針の趣旨は，通報内容を範囲外共有し，又は通報者が誰であるかを探索することを認めれば，通報者が通報を行うことを躊躇するから，それを防止するというところになる。

グローバル内部通報制度を導入する際，通常，ウェブ又はクラウドを用いて情報を管理することが一般的である。この点，指針の解説では，情報を電磁的に管理している場合には，通報者を特定させる情報を保持するため，閲覧権者を必要最小限にし，かつ，操作・閲覧履歴を記録することが示されている。

したがって，グローバル内部通報制度の際，閲覧権者は日本本社の法務コンプライアンス部門の担当者（及びその上司）に限定し，かつ，その者による操作・閲覧履歴が記録されるシステムを導入する必要がある。

また，現地子会社の法務コンプライアンス担当者にその子会社に関する通報に関してアクセス権を付与する場合があるが，その者が現地経営陣から独立した立場であり，信用できるかを確認した後に実施すべきである。

さらに，通報内容だけでなく，調査を行うことで得られる調査情報に関しても，調査担当者等の必要な者にしかアクセス権を付与しないように情報管理を徹底する必要があることを忘れてはならない。法務コンプライアンス担当者であれば誰でもアクセスできるような部門の共有フォルダに情報を保管するべきではない。

⑵ 通報者の探索

指針では，「公益通報者を特定した上でなければ必要性の高い調査が実施できないなどのやむを得ない場合を除いて」通報者の探索を行ってはならないとしている。

この点，指針及び指針の解説では明確に区別していないが，①調査担当者が通報者の探索を行う場合と，②被通報者その他の調査とは関係がない者が行う場合とで意味合いが大きく異なる点に注意を要する。

まず①の場合には，匿名通報のときに調査担当者が通報者を特定して詳細な情報を確認しようとするケースがほとんどであろう。特に通報内容が重大であるものの通報者が誰であるかわからず調査が難航する場合には通報者の探索が許されるものと考える。

もちろん，その探索を行う場合には，関連従業員に聞いて回るような愚を犯してはならないことは明らかである。通報内容からして通報者の可能性がある者が複数存在する場合，その調査の一環としてその複数の者に対してインタビューを実施することが一般的であると考えられるが，その際，質問への回答を受ける中で，この者が通報者であるとおよそのあたりがつけば，その者に詳細な質問をして情報を聞き出す程度のことではないかと考えられる。それを超えて，通報者が言い出さないにもかかわらず通報者ではないかと質問することは避けるべきである。

万が一，その推測が外れていた場合，その調査が通報を端緒として開始したという情報を漏らしてしまうことになり，調査担当者以外による探索につながる結果となる。

他方，その推測が正しくとも，通報者が探索を受けていることを知り，かえって態度を硬化させ調査に支障が生じる可能性もある。

また，②の場合は，通報者に対して報復を行うために被通報者が探索を行う場合であろうから，かかる探索行為は社内規程などで厳格に禁止することが妥当である。

コラム　取締役又は監査役に対する通報者特定情報の共有

株式会社の取締役又は監査役が従事者に対し通報者を特定する情報の開示を要求された場合，従事者は範囲外共有となることを理由に拒絶できるであろうか。

この点，取締役又は監査役は，会社の事業活動につき包括的な調査権，監査権を有するので，一般的に会社の情報に関するアクセスは認められる。しかし，通報者を特定する情報が取締役又は監査役の業務を行うにおいて必要となる場合は実際上，少ないと考えられる。正当な理由がないにもかかわらず，取締役又は監査役が会社法上の権限を主張して通報者の特定を要求してきた場合には，従事者は範囲外共有にあたることを理由に通報者を特定する情報の開示を拒絶することができ，かつ，拒絶すべきと考えられる。

たとえば，ある取締役が一定の不正に関する調査を主導する場合，その調査を行うにおいて通報者を特定させる情報が必要であれば，その取締役にその情報を開示することは当然認められる（むしろ，その取締役自身が従事者となるから，内部通報規程に従って，その社外取締役自身を書面において従事者として特定すべきと考える）。

それ以外の場合には，取締役又は監査役において通報者を特定させる情報を取得する正当な理由があることは考えにくい。たとえば，内部通報制度の活用状況を確認するために，取締役又は監査役がある年度の全ての通報者を特定する情報を要求してきた場合，通報者を特定する情報は不要であるから，そのような開示要求は拒絶すべきである。

⑶　通報受付時の取り組み

指針の解説では，外部窓口を設ける場合には，やむを得ない場合を除いて，通報者の書面又は電子メール等による明示的な同意がない限り，事業者にも通報者を特定する情報を開示してはならないこととする等の措置を講じることが考えられるとする。

ここでいう「外部窓口」とは法律事務所などに設置される外部窓口を指すのであろうが，これは調査の現実を考えれば，困難であると考える。法律事務所が全ての通報を調査することはあり得ず，会社側で調査の大部分を行うことが一般的であろう。実際には，会社側で通報者を特定する情報がなければ通報者へのさらなる聞き取りを実施することもできず調査を進めることも困難である。

したがって，調査の現実からすれば，むしろ，通報者が会社側への開示を明示的に拒絶した場合を除いて，外部窓口は会社側に通報者を特定する情報を開示するという運用が妥当であると考える。

もっとも，グローバル内部通報制度を実施するうえでは，通報受付会社は全ての通報内容を会社側に開示することが一般的であり，この指針の解説が適用される場面ではないと考えられる。

また，指針の解説では，通報者などの関係者の固有名詞を仮称表記で呼ぶことなども一例として挙げている。しかし，実務上は，通報者は単に「通報者」と呼び，通報された者は「被通報者」と呼ぶほうが適切であると考える。

他方，指針の解説では，通報者本人に対して自身が通報者であること等にかかる情報管理の重要性を伝えることを理解させることが重要としているが，これは重要な示唆であると考える。実際，通報者本人が関係者に対して通報することを伝えることで，結果的に被通報者により通報者が特定されるに至ることがある。

⑷ 調査時の取り組み

① 調査担当者に対して通報者を特定する情報を共有すべきか

指針の解説では，「真に必要不可欠ではない限り，調査担当者にも（通報者を特定する）情報共有を行わないようにすること」は当然であるとしている。

しかし，年間何十件，何百件もの通報を処理する大企業にとって，調査担当者にも通報者に関する情報共有を行わないことが原則であるという立場には同意しかねる。このような考え方は欧米の内部通報取扱実務でも一般的ではないと思われる。

調査担当者において誰が通報者か明らかでなければ，適切かつ効率的に調査をすることはできない。通常，通報者が一番，事件の内容を知っており，その通報者が誰かがわからずに手当たり次第関係者から聞き取り調査を行うことは効率的ではないし，かえって調査していることが多数の者に知られることになり通報者の特定に至る可能性が高まる。

ただ，実際の運用においては，調査担当者を従事者に指定することで，そもそも範囲外共有の問題を生じさせないことも可能であると思われる。

すなわち，指針の解説において，従事者は「内部公益通報の受付，調査，是正に必要な措置の全て又はいずれかを主体的に行う業務及び当該業務の重要部分について関与する業務」（公益通報対応業務）を行う者であるとされている。

したがって，調査担当者自身が従事者とされれば，範囲外共有の問題を避けることが可能である。

② 秘密保持義務契約の締結等の措置

他方，指針の解説において推奨される「通報者を特定させる事項を伝達する相手にはあらかじめ秘密保持を誓約させる」こと，及びその「事項の漏洩は懲戒処分等の対象になる旨の注意喚起をする」ことは妥当であると考える。

グローバル内部通報制度を実施するうえで，日本本社の従事者がグループ企業の従事者などに通報内容を共有して調査を委託する際に，秘密保持義務契約を締結し，違反の場合には懲戒処分等を行うことなどを記載することは有効な方法である。

コラム　秘密保持義務契約

秘密保持義務契約の当事者は，グローバル内部通報制度の運営者である日本本社の法務コンプライアンス部門と情報の受領者とすることが妥当である。

合意内容としては，①秘密保持義務の対象となる情報，②秘密の保持と漏洩の禁止（自社の役職員への情報共有も禁止する。ただし，日本本社の法務コンプライアンス部門が承諾した場合にはその限りではない），③調査等の目的以外に利用しないこと，④通報者への報復の禁止，⑤違反した場合の懲戒処分（適宜，就業規則の条文を引用），及び⑥秘密保持義務の期間（特定しない場合も多いが特定する場合には10年間など長期に設定しておくべきである）を記載する必要がある。

また，準拠法・裁判管轄に関しては，日本法を準拠法として東京地方裁判所などの日本本社の本店所在地を管轄する裁判所を指定することも考えられる。しかし，現地で従業員を懲戒する場合，労働訴訟に関しては現地裁判所で訴えを提起されることが多いから，このような準拠法・裁判管轄についての規定はかえって法律関係を複雑にする。特に，何十もの国でグローバル内部通報制度を運営する場合に，かかる準拠法・裁判管轄の合意の法的分析を行うことは現実的ではない。したがって，あえて準拠法・裁判管轄に関しては記載しない方がよいと考える。

③　通報により調査が開始したことを知らせない工夫

指針の解説では，通報を端緒として調査が開始したことを関係者に認識させない工夫として，①抜き打ち監査を装う，②該当部署以外の部署にもダミーの調査を行う，③定期監査と併せて調査を行う，③核心部分ではなく周辺部分から調査を開始する，④組織内のコンプライアンスの状況に関する匿名のアンケートを，全ての役職員を対象に定期的に行うこと，などが推奨されている。

いずれも選択肢としては妥当な方法であるが，多数の通報を処理する必要があるグローバル内部通報制度において，常にこのようなカモフラージュ行為をすることは実際的ではないと思われる。ただ，最低限，調査担当者として，通報者以外の者に対して聞き取りを行う場合，通報を端緒として調査を実施していると伝えないようにするべきである。

7　教育・周知

指針

イ　法及び内部公益通報対応体制について，労働者等及び役員並びに退職者に対して教育・周知を行う。また，従事者に対しては，公益通報者を特定させる事項の取扱いについて，特に十分に教育を行う。

ロ　労働者等及び役員並びに退職者から寄せられる，内部公益通報対応体制の仕組みや不利益な取扱いに関する質問・相談に対応する。

(1)　教育・周知の内容

①　継続的な教育・周知の必要性

グローバル内部通報制度を実施するうえで，継続的な教育・周知が不可欠であることはいうまでもない。特に，せっかく多大なコストをかけて制度を整備したにもかかわらず，年間数件しか通報がない大企業も存在する。これは不正が少ないから通報件数がないのではなく，教育・周知が不十分であるからである。

指針の解説においては，教育・周知にあたり，単に規程内容を形式的に知らせるだけではなく，組織の長が主体的・継続的に制度の利用を呼びかけるなどの手段を通じて，制度の重要性を十分に理解させることが求められるとしている。

その内容として，以下のことを例示している。

(i) 制度の意義・重要性
(ii) 通報はリスクの早期発見や企業価値の向上に視する正当な職務行為であること
(iii) 通報者への不利益取扱いの禁止
(iv) 通報に関する秘密保持
(v) 利益追求と企業倫理が対立する場合は企業倫理を優先すること
(vi) これらの事項は企業の発展・存亡をも左右し得ること

② 通報受付窓口の周知

指針の解説においては，単に通報受付窓口の設置先を形式的に知らせるだけではなく，

(i) 通報受付窓口の担当者は従事者であること
(ii) 通報受付窓口に限らず，上司が部下等から通報を受ける可能性があること
(iii) 従事者が通報受付窓口において通報を受け付けた場合と，上司が部

下等から受け付けた場合では通報者を特定される事項の秘匿のルールに差がある

ことを説明すべきとする。

この点，グローバル内部通報制度を実施する上では，日本本社の法務コンプライアンス部門の担当者が第一の従事者として担当することを教育・周知することで，現地グループ企業から独立した立場で調査が行われることを示すことが妥当である。

③　行政機関への通報も保護されることの周知

指針の解説では，通報受付窓口への通報のみならず，権限を有する行政機関等への公益通報も法において保護されることを含めて，法全体の内容を伝えることが求められるとしている。この点，グローバル内部通報制度を実施する上では，同法が適用されない海外拠点に関して，行政機関等への公益通報も保護されることは特に言及する必要はないが，同法が適用される日本のグループ企業についてはこの指針に従って言及する必要がある。

ただ，強制を伴わない表現において，まずは企業が設置した内部通報制度を利用することを推奨することを記載することは差し支えないと考えられる。

すなわち，行政機関等に通報をする場合には，(i)通報対象事実が生じ，若しくはまさに生じようとしていると信ずるに足りる相当の理由がある場合，又は(ii)通報対象事実が生じ，若しくはまさに生じようとしていると思料し，かつ，氏名・通報内容等を記載した書面を提出する場合でなければ保護されないことを記載し（同法第３条２号），まずは企業の内部通報制度を利用することを促すことは認められる。

コラム　退職者への教育・周知

指針の解説において，改正法によって通報の保護の対象となる退職後１年内の役職員に対しても教育・周知を行うべきであるとしている。グローバル内部通報制度を実施する上で，退職者を対象に積極的な教育・周知を行っている例は少ないと考えられる。しかし，公益通報者保護法が適用されない国外の退職者に対する場合であっても，役職員が退職後まもなく会社から自由の身になって比較的重要な通報を行うことも多いから，退職者への教育・周知は望ましいと考えられる。

方法としては，企業のWebサイトを通じた周知のみならず，退職時の面談で人事担当者が退職後の通報も可能であることを説明し，退職時に署名を求める秘密保持契約，退職時の説明資料文書において言及することが考えられる（指針の解説では，「例えば，在職中に，退職後も公益通報ができることを教育・周知すること等が考えられる」としている）。

⑵　教育・周知の方法

指針の解説では，教育・周知の方法として，①役職員の立場・経験年数等に応じて用意する（階層別研修，組織の長等の幹部研修等），②周知のツールに多様な媒体を用いる（イントラネット，社員研修，携行カード・広報物の配布，ポスターの掲示等），③FAQ（通報制度の具体的内容，具体例を用いた通報対象の説明，通報者保護等に関するもの）をまとめ，イントラネットへの掲載やガイドブックの作成を行うことが記載されている。

グローバル内部通報制度を実施する際の教育・周知は，まず導入時期において日本本社の担当者が現地拠点に赴いて，現地担当者と共同して説明会を行うことが多い。もちろんポストコロナ禍ではWeb会議の方法でも差し支えない。

また，制度に関する規程類・FAQなどは企業のイントラネットのみならず通報受付会社のWeb受付ページに掲載することが必要である。

さらに，日本本社が主導して，ポスター又は携行カード（現地語）を作成して現地にデータで送って印刷してもらい，掲載・配布を求めることも多い。

また，①日本本社の法務コンプライアンス部門が現地訪問をする際，②現地でコンプライアンス関連の研修又は全体会議が行われる際など，継続的かつ定期的に教育・周知を行っていくことが必要である。

グローバル内部通報制度において通報件数が伸びないのは教育・周知が不十分であることが原因であることが多いので，日本本社がイニシアティブをとって積極的に実施していく必要がある（その他の原因として，通報を受け取っても十分に調査をせず，又は現地拠点の経営者をサポートするかのような対応を行い，制度に関する現地の信頼を失う場合もある）。

(3) 従事者に対する教育

指針の解説では，従事者の教育については，他の役職員と比較して，特に実効的に行うことが求められるとしている。

その内容としては，改正法第12条の通報者を特定する情報の守秘義務の内容のみならず，通報の受付，調査，是正に必要な措置等の各局面における実践的なスキル教育が考えられるとしている。

特に，グローバル内部通報制度を実施するにおいては，日本本社の担当者が全ての案件を調査するわけにはいかず，現地の法務コンプライアンス部門等の担当者に調査の全部又は一部を委託せざるを得ない場合が多い。したがって，日本本社の担当者のみならず，現地担当者の知識・スキルの底上げは必要不可欠であるということができる。

日本本社でかかる研修を継続的に実施することが困難である場合には，調査マニュアルを作成・配布したり，法律事務所に依頼して教育を実施することが考えられる。

8　通報者への是正措置の通知

指針

書面により内部公益通報を受けた場合において，当該内部公益通報に係る通報対象事実の中止その他是正に必要な措置をとったときはその旨を，当該内部公益通報に係る通報対象事実がないときはその旨を，適正な業務の遂行及び利害関係人の秘密，信用，名誉，プライバシー等の保護に支障がない範囲において，当該内部公益通報を行った者に対し，速やかに通知する。

(1)　通報者への是正措置の通知の必要性

企業にとって内部通報制度を整備する主な目的の１つとして，通報者が当局やマスメディアなどに外部通報をする前に内部通報してもらうことで自主的に是正措置を行う機会を得るということが挙げられる。

しかし，通報者が内部通報制度を利用して情報提供をしたにもかかわらず，十分に調査を行わず，又は調査を行ったがその調査結果・是正措置を知らされなければ，不安になって外部通報を行うこともあり得る。

特に，公益通報者保護法上，書面により内部公益通報をした日から20日を経過しても，事業者から通報対象事実について調査を行う旨の通知がない場合等には，報道機関等への公益通報を行った者は，解雇その他不利益な取扱いからの保護の対象となる（法第３条第３号ホ）。

そこで，指針が定める通り，通報者に対して是正措置（通報対象事実がないときはその旨）を伝えることは必要不可欠である（もっとも，その際，指針の定める通り，業務遂行，及び利害関係人の秘密，信用，名誉，プライバシー等の保護に支障がない範囲で行うべきことは当然である）。

⑵ グローバル内部通報制度における通報者との密な連絡の必要性

グローバル内部通報制度の場合，現地拠点の通報者としては遠く離れた日本本社において本当に適切な調査をして是正措置をしてくれるか不安になることが多いと思われる。そのため，特に通報者との間の密な連絡は不可欠である。

通報を受け付けた際にすぐに受領の連絡をして，調査結果が明らかになり是正措置を実施した場合にその概要を通知するだけでは不十分である。特に調査に時間がかかる場合には，調査の進行に支障がない範囲で，通報者に対して現状を連絡することが望ましい。

この点，指針の解説においては，受付から20日以内に調査開始の有無を伝える，通報の受付，調査開始についても通報者に通知するとともに，調査の進捗状況及び調査結果を通知することが望ましいとしている。

9　記録の保管，見直し・改善，運用実績の開示

指針

イ　内部公益通報への対応に関する記録を作成し，適切な期間保管する。

ロ　内部公益通報対応体制の定期的な評価・点検を実施し，必要に応じて内部公益通報対応体制の改善を行う。

ハ　内部公益通報受付窓口に寄せられた内部公益通報に関する運用実績の概要を，適正な業務の遂行及び利害関係人の秘密，信用，名誉，プライバシー等の保護に支障がない範囲において労働者等及び役員に開示する。

⑴　記録の作成・保管

指針の解説では，記録の保管期間については，「個々の事業者が，評価点検や個別案件処理の必要性等を検討したうえで適切な期間を定めることが求められる。」と記載されており，何年間保管すべきかにつき具体的な指針が示されていない。

調査及び是正措置を行ううえで必要な期間は当然保管すべきであるが，後に同様の通報又は関連した通報がなされることも多いので，調査及び是正措置が終わればすぐに削除すべきとは考えられない。

対応策は，企業の裁量に委ねられるものと考えられるが，特に守秘性の高い通報者を特定する情報は調査及び是正措置終了後，数カ月程度から１年程度の期間をおいて個人を特定する情報を削除する匿名化処理などを行うことが理想的であると考える（ただ，通報自体が悪意でなされた場合など，通報者に対する懲戒が必要な場合には，人事記録の保管という意味で例外的な取扱いが許されるべきである）。

⑵　制度の定期的評価，改善

指針の解説では，定期的な評価・点検の方法として，①役職員に対する通報体制の周知度等のアンケート調査，②担当の従事者間における改善点の意見交換，及び③内部監査・外部専門家による通報対応業務の改善点の確認などを列挙している。

グローバル内部通報制度を実施するにあたり，通報件数の伸び悩みに対応するため，周知度・信頼度に関するアンケート調査は有益な方法である。制度の存在を知っていると回答する従業員が回答者の９割を超えることを，まず目標として周知を行うことが望ましいと考える。

また，グローバル内部通報制度を実施する際，この指針のみならず海外の法令への遵守の有無を定期的に確認することが望まれる。特に，現地の個人情報保護及び通報者保護に関する法令の制定・改正の動きは著しいものがあるので，頻繁に確認する必要がある。

⑶　運用実績の開示

指針の解説によれば，運用実績として，一定期間における通報件数，是正の有無，対応の概要，及び通報しやすくするための活動状況が例示されている。

その実績をまとめて広い範囲で開示する際，個人情報を削除するだけでなく事案の内容を抽象化してプライバシーの保護を図ることが求められる。

また，指針の解説では，その開示を自社の役職員だけではなく，CSR報告書，Webサイト等を活用して対外的にアピールすることが望まれるとしている。

10　内部規程の策定・運用

指針

この指針において求められる事項について，内部規程において定め，また，当該規程の定めに従って運用する。

グローバル内部通報制度を実施する場合，日本本社において「グローバル内部通報制度規程」を制定することが一般的である。

その内容として，最低限，以下の項目が定められることが一般的である。

①　通報者の範囲
②　通報対象事項
③　通報受付窓口
④　調査を実施する主体，調査協力義務
⑤　是正・再発防止措置
⑥　通報者及び調査協力者に対する報復禁止
⑦　通報者を特定する情報の保護，探索の禁止
⑧　違反者への懲戒
⑨　現地法と抵触する場合には現地法が優先すること

また，日本本社が制定したグローバル内部通報制度が現地拠点においても労働法上の拘束性を持つようにするため，現地拠点の取締役会等の機関においても承認することが必要である。そうしないと，たとえば，現地法上，報復禁止が明確に定められていない場合，違反者を懲戒することができない。

また，上記⑨の通り，現地法が優先することを規定したとしても，現地法に矛盾した条文をそのまま現地拠点で承認することには問題があるから，事前に現地の弁護士にレビューを依頼することが望ましい。また，英語及び現地語版を作成する必要があることも忘れてはならない。

さらにかかる規程に加えて，企業グループのポリシーとして「Whistleblower

Protection Policy」（通報者保護方針）を策定する企業もある。これは，規程のような条文形式ではなく一般従業員にも分かりやすい口語調で記載された文書である。そこでは，現地法に矛盾する可能性が低い一般原則（報復禁止，通報者を特定する情報の保護）などが記載されることが一般的である。

コラム　イビデン事件（グループ通報窓口に対する子会社従業員からの通報と親会社の責任）

最高裁第一小法廷平成30年２月15日判決

１．事案の概要

イビデン株式会社（以下，「イビデン本社」という）は，当時，傘下に41社のグループ会社を有していた。イビデン本社は，国内外の法令，定款，社内規程及び企業倫理の遵守に関する社員行動基準を定め，本件グループの業務の適正等を確保するためのコンプライアンス体制（以下，「本件法令順守体制」という）を整備していた。その一環として，本件グループ会社の事業場内で就労する者から相談を受け付けるコンプライアンス相談窓口（以下，「本件相談窓口」という）を設けていた。

本件グループのうち株式会社イビデンキャリア・テクノ（以下，「関連会社」という）の契約社員としてイビデン本社の事業場内で就労していた女性社員Ｘが，同じ事業場内で就労していた他の本件グループ会社であるイビデン建装株式会社（以下，「発注会社」という）の従業員男性社員Ａから，女性社員Ｘの退職後においても，繰り返し交際を要求され，自宅に押し掛けられるなどしたことにつき，勤務先会社における女性社員Ｘの元同僚Ｂが本件相談窓口に申し出た（以下，「本件申出」という）。

イビデン本社は，発注会社及び勤務先会社に対して聞き取り調査を行わせるなどしたものの，本件申出にいうような女性社員Ｘの被害はない旨関連会社から報告があったことから，被害者であるＸ本人に対する事実確認は行わないまま，本件申出にかかる事実は確認できなかった旨を女性社員Ｘの元同僚Ｂに伝えた。

これを受けて女性社員Ｘが，イビデン本社において本件法令遵守体制，本件相談窓口を整備したことによる相応の措置を講ずるなどの信義則上の義務に違反したと主張して，イビデン本社に対して損害賠償を求めた事案である。

２．判　旨

「上告人（注：イビデン本社）は，本件当時，本件法令遵守体制の一環として，本件グループ会社の事業場内で就労する者から法令等の遵守に関する相談を受ける本件相談窓口制度を設け，上記の者に対し，本件相談窓口制度を周知してその利用を促し，現に本件相談窓口における相談への対応を行っていたものである。その趣旨は，本件グループ会社から成る企業集団の業務の適正の確保等を目的として，本件相談窓口における相談への対応を通じて，本件グループ会社の業務に関して生じる可能性がある法令等に違反する行為（以下「法令等違反行為」という。）を予防し，又は現に生じた法令等違反行為に対処することにあると解される。これらのことに照らすと，本件グループ会社の事業場内で就労した際に，法令等違反行為によって被害を受けた従業員等が，本件相談窓口に対しその旨の相談の申出をすれば，上告人（注：イビデン本社）は，相応の対応をするよう努めることが想定されていたものといえ，上記申出の具体的状況いかんによっては，当該申出をした者に対し，当該申出を受け，体制として整備された仕組みの内容，当該申出に係る相談の内容等に応じて適切に対応すべき信義則上の義務を負う場合があると解される。」

なお，最高裁は結論として，①被害者の女性社員Ｘ本人ではなく，元同僚Ｂからの申出であること，②本件法令遵守体制の仕組みの具体的内容が，イビデン本社において本件相談窓口に対する相談の申出をした者の求める対応をすべきとするものであったとはうかがわれないこと，③男性社員Ａによるセクハラ行為は，女性社員Ｘの退職後に事業場外で行われた行為であり，Ａの職務執行と直接関係しないこと，などを理由にイビデン本社の責任を否定した。

3．本判決の意義

本判決は，親会社がグループにおける法令遵守体制を整備し，子会社従業員も通報可能な相談窓口を設けた場合において，子会社の従業員からの相談につき，親会社に対し，相談に適切に対応すべき信義則上の義務が生じ得ることを事例判断として示したもので，実務上参考とすべき判例である。

4．本判決を踏まえた対応

グローバル内部通報制度は，親会社にグループ統一の通報窓口を設けることは，組織の自浄作用の向上やコンプライアンス経営の推進に寄与する重要なものである。特に海外現地拠点の経営陣の関与が疑われる重大な不正の情報収集に不可欠なグローバル内部通報制度の構築は，コンプライアンス上重要な体制整備の一つであることは既に述べた通りである。

本件では，個別具体的な事情からグループ共通の内部通報制度を設置した日本本社の責任が否定された。しかし，本判決は，一般論としては，グローバル内部通報制度を設置する日本本社がその通報対応如何によっては，関連会社の従業員又は元従業員から，信義則上の責任を問われる可能性があることを示すものとして，重要な意義を有する。

グローバル内部通報制度の運営者である日本本社がどの範囲で自ら調査をすべきかは，内部統制の基本的な考え方，実際のマンパワーなどにより決定されるべき問題である。しかし，その調査を関連会社に任せるとしても，その調査方法をモニタリングして適切な調査が行われているかは本社サイドで確認する必要がある。

本判決の事案においては，厚労省の公表するセクハラ防止指針[5]等に基づい

5　https://www.mhlw.go.jp/content/11900000/000605548.pdf（最終確認日2021.04.20）

て，加害者Ｂだけでなく被害者Ｘからも事実を聴取することが適切であったとも考えられる。

第3章

日本の個人情報保護法

日本の個人情報保護法の適用

1　はじめに

グローバル内部通報制度を導入する際，たとえ海外関連会社のみを対象とする場合であっても，日本本社でその情報管理を行う場合，下記２の通り，日本の個人情報保護法が適用される。

個人情報保護法は頻繁に改正される法律である。直近では，2021年５月19日に公付された「デジタル社会の形成を図るための関係法律の整備に関する法律」により，これまで個人情報保護法，行政機関個人情報保護法，独立行政法人等個人情報保護法の３法に分かれていたものが１つの法律に一本化されることとなった。

また，それ以前にも，2020年６月12日に「個人情報の保護に関する法律等の一部を改正する法律」が公布されたことにより，個人情報保護法が改正される。これにより，個人の権利保障が高められ，漏洩等の場合に個人情報保護委員会への報告及び本人への通知が義務化され，違反に対する法定刑が引き上げられ，外国にある第三者への個人データの提供時に，移転先事業者において個人情報の取扱いに関する本人への情報提供の充実等が求められることとなる。

以下において個人情報保護法の条文を引用する際，これらの改正法が施行された後の条文を用いる。

2　グローバル内部通報制度で処理される個人情報に個人情報保護法が適用されるか

グローバル内部通報制度を導入すると，日本本社において，海外拠点の役職員の氏名，役職，疑われる不正行為の内容などの海外の個人情報を取得・処理することになる。匿名通報の場合でも，被通報者の個人情報は通報内容に含まれることが多い。そこで，日本本社における海外の個人情報取得・管理につき，日本の個人情報保護法が適用されるかが問題となる。

この点，個人情報保護法は，「個人情報」を定義するうえで，データ主体の国籍，居住地，所在の如何により区別していない。すなわち，同法第２条第１項第１号の通り，「生存する個人に関する情報」であって，当該情報に含まれる氏名，生年月日その他の記述等により特定の個人を識別することができるもの又は個人識別符号が含まれるものであれば，「個人情報」に該当する[6]。また，たとえ通報受付会社において情報自体を暗号化処理している場合でも，「個人情報」である（「個人情報の保護に関する法律についてのガイドライン（通則編）平成28年11月（令和３年10月一部改正）個人情報保護委員会」（以下，通則ガイドライン）10頁）。

次に，グローバル内部通報制度では，その管理者である日本本社において少なくともその通報情報を受領の日時等に応じて検索可能な形で体系的に管理するから，日本本社は同法に基づく「個人情報データベース等」を事業の用に供する者として，「個人情報取扱事業者」に該当することになる。

6　個人情報保護委員会のホームページのFAQ（A１-６）において，「居住地や国籍を問わず，日本の個人情報取扱事業者が取り扱う個人情報は，個人情報保護法による保護の対象となり得ます。」とされている。

したがって，たとえグローバル内部通報制度を海外関連会社にのみ導入し，日本の既存の通報制度を統合しない場合であっても，日本本社が海外拠点の役職員等から取得する通報内容，調査記録等の個人情報については日本の個人情報保護法が適用されることになる。

コラム　個人情報 vs 個人データ

個人情報保護法上，「個人情報」と「個人データ」に関する規制において，区別がなされている。

すなわち，利用目的の特定（第17条），利用目的による制限（第18条），適正な取得（第20条），及び取得に際しての利用目的の通知等（第21条）といった個人情報取扱事業者の義務は，「個人情報」に関して適用される。

他方，データ内容の正確性の確保等（第22条），安全管理措置（第23条），従事者の監督（第24条），委託者の監督（第25条），漏洩の場合の報告（第26条），第三者提供の制限（第27条），外国にある第三者への提供の制限（第28条），第三者提供に係る記録の作成等（第29条），第三者提供を受ける際の確認等（第30条）等は，「個人データ」に関するものである。

グローバル内部通報制度との関係においては，言うまでもなく，通報者の氏名などの通報者を特定させる情報，被通報者その他の関係者に関する通報内容，調査によって得られた個人情報は，全て「個人情報」に該当する。

他方，通報受付会社の通報受付Webサイト等により，体系的に検索可能な形で管理された通報に関する情報及び日本本社において体系的・検索可能な形で管理された調査情報は，「個人情報データベース等」に該当する。そして，その個々のデータは「個人データ」に該当するので，たとえば現地拠点等に対して，そのデータベースから抜き出して情報を共有する場合，それは「個人データ」として規制されることになる。

したがって，日本本社と現地拠点等との通報に関する情報のやりとりに関しては，第三者提供の制限（第27条）及び外国にある第三者への情報の提供（第28条）などの制限を受けることになる。

3　利用目的の特定，通知

個人情報保護法上，個人情報取扱事業者は，①個人情報を取り扱うにあたり，その利用目的をできるだけ特定し（第17条第１項），②あらかじめ本人の同意を得ないで，その特定された利用目的の達成に必要な範囲を超えて，個人情報を取り扱ってはならない（第18条第１項）[7]。さらに，③個人情報を取得した場合，あらかじめその利用目的を公表している場合を除き，速やかに，その利用目的を本人に通知し又は公表しなければならない（第21条第３項）。

したがって，グローバル内部通報制度を導入するにあたり，日本本社において，個人情報保護方針を定め，そこで利用目的を特定して，その役職員に対して通知し，公表することが必要となる。具体的な方法としては，通報受付会社のWeb受付ページにおいて，受け取った情報については内部通報制度に基づく調査及び是正措置のために用いられることを明示することとなる。

なお，第５章に記載するGDPRに基づいて要求されるPrivacy Noticeにも情報の利用目的などが詳細に記載されるから，GDPR上のPrivacy

7　「法令に基づく場合」及び「人の生命，身体又は財産の保護のために必要がある場合であって，本人の同意を得ることが困難であるとき。」等は例外とされている（第18条３項）。しかし，グローバル内部通報制度は日本の公益通報者保護法に基づいて導入するものではなく，通報内容が必ずしも人の生命，身体又は財産の保護と関係しているとは限られないので，これらの例外事由に依拠することは困難である。

Noticeを開示している場合にはそれで足りる。

4　第三者提供

(1)　グループ会社間の情報提供も第三者提供にあたる

グローバル内部通報制度を導入するにあたり，日本本社がその受領した通報に対して全て対応することは一般的ではなく，軽微な案件などは現地拠点又は地域統括会社に調査を委託することが一般的である。

個人情報保護法は，企業グループごとではなく法人ごとに適用されるので，グループ内の情報移転の場合にも，個人データの第三者提供の問題となる（これは海外拠点のみならず国内のグループ会社への情報共有の場合も問題となる）。

また，通報受付会社に通報の処理を委託するので，この点に関しても第三者提供の問題を検討する必要がある。

(2)　第三者提供の規制

個人情報保護法上，個人データへの第三者提供は，主として，以下の場合に認められる（第27条）。

①　本人の同意を得て行う場合
②　人の生命，身体又は財産の保護のために必要である場合に本人の同意を得ることが困難である場合
③　オプトアウトによる場合，すなわち本人の要求があれば第三者への提供を停止することを前提に，ホームページなどで一定の事項を本人が容易に知り得る状態に置き，個人情報保護委員会に届出を行う場合（ただ

し，要配慮個人情報の場合にはこの方法は認められない）

この点，グローバル内部通報制度を導入する場合，いずれの要件を満たすことも困難である。すなわち，①通報内容・調査内容には被通報者の情報も含まれるので第三者提供について本人の同意をあらかじめ取得することは現実的ではない。

また，②通報内容が重大な法令違反，権利侵害に関するものであればともかく，現地拠点に対応を委ねる軽微な違反の場合に，「生命，身体又は財産の保護のために必要」とまで言えないことも多いであろう。

さらに，③オプトアウトに関しては個人情報保護委員会への届出を行う必要があるだけでなく，本人の要求があれば第三者への提供を停止する必要があるが，日本本社がグループ子会社に調査の依頼をした後に，被通報者等の本人からグループ子会社での利用の停止を要求されると窮してしまうので現実的ではない。

⑶　「第三者」への提供に該当しない場合

しかし，忘れてはならないのは，同法上，そもそも「第三者」への提供に該当しない場合として，主として以下例外が定められているという点である（第27条第５項）。

① 「委託」の場合，すなわち，個人情報取扱事業者が利用目的の達成に必要な範囲内において個人データの取扱の全部又は一部を委託する場合
② 「共同利用」の場合，すなわち，共同利用する法人名，代表者氏名，共同利用される個人データの項目，利用目的等をホームページなどで開

示して他社と共同利用を行う場合

この点，②の共同利用の場合，グループ会社の名称のみならず代表者氏名をこの目的のためにあらかじめ開示して変更に応じて更新することは，何十，何百という拠点を持つグローバル企業としては煩瑣極まりない。

したがって，結局，グローバル内部通報制度を実施するにあたり，第三者提供の問題を解決するためには，同法上の「委託」として構成することが簡明であると考える。

すなわち，日本本社は，グループ会社全体のコンプライアンス体制の構築を主体的に担う立場にあるから，グローバル内部通報制度を導入して全拠点に関する内部通報を受け付けてその個人データを処理する立場にある。そして，その取得した個人データを，各グループ会社に「委託」することで，現地での調査，再発防止策の実施などを行わせるということである。また，通報受付会社の起用は，当然のことながら，この「委託」に該当するので，同法上，同様に第三者提供の問題とはならないことになる。

⑷ 委託先の管理

そして，個人情報取扱事業者である日本本社は，同法上，委託先の監督を行う必要がある（第25条）。すなわち，日本本社として，委託先において自ら講ずべき安全管理措置と同等の措置が講じられるように，監督を行う必要がある。具体的には，①適切な委託先の選定，②委託契約の締結，及び③委託先における個人データ取扱状況の把握を実施する必要がある（通則ガイドライン52頁）。

この点，日本本社が現地拠点等に通報内容を共有する場合，そのコンプライアンス担当者に守秘義務を課すなどの適切な対応を行う必要がある。

また，通報受付会社を適切に選定し，サービス契約を締結し，かつ，監査を行い又は監査報告書などを受領することで個人データ取扱状況を把握することが可能である。

この詳細は第2章に記載しているが，公益通報者保護法及びその指針を遵守して内部通報制度を構築することにより通報者保護を図ることが，ひいては個人情報保護法の遵守にもつながることになる。

5　外国にある第三者への提供

(1)　越境移転が問題になるケース

グローバル内部通報制度において，個人データを海外の第三者に提供する場合には，次の2つの場合が考えられる。すなわち，①海外に本社などの拠点を置き又は海外にデータサーバーを置く通報受付会社に対して，通報内容などの個人データを提供する場合，及び②グローバル内部通報制度を管理する日本本社が調査を委託するために，通報内容，調査情報などの個人情報を現地法人又は地域統括会社に送る場合である。

たとえば，中国子会社の従業員が，グローバル内部通報制度を通じて通報してきたとする。日本本社の法務コンプライアンス部門は，その件が比較的軽微な内容であれば，中国子会社のコンプライアンス担当者にその調査を依頼するために，その通報内容を送る。そうすれば，その個人データは，まず通報者により中国から日本に移転した後，日本の担当者により日本から中国に再度移転することになり，個人データの越境移転の問題が生じる[8]。

また，その通報受付会社が米国企業であれば，その日本企業は米国にある第三者に対して個人データの処理を委託していることになる。したがって，米国の第三者に対する個人データ移転が生じることになる。

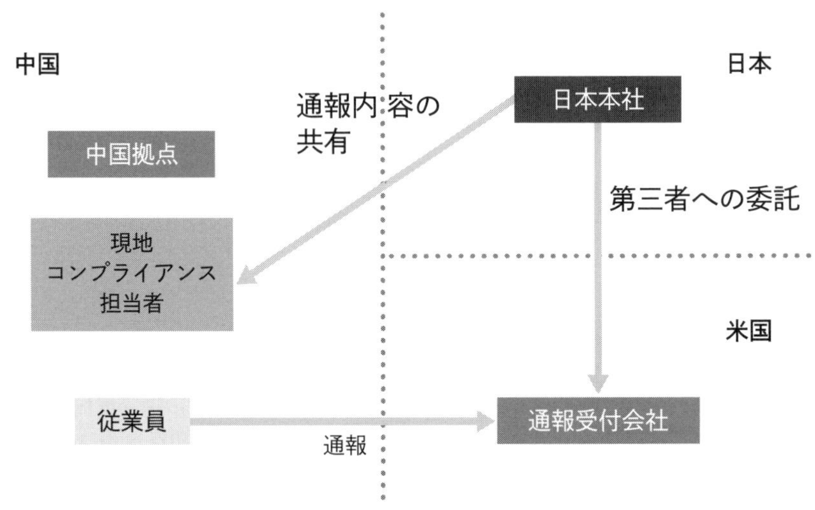

(2) 個人情報保護法の規制

個人情報取扱事業者は，外国にある第三者に個人データを提供する場合は，あらかじめ，外国にある第三者への提供を認める旨の本人の同意を得なければならないことが原則である（法第28条第１項)。この同意の取得については，同条第２項に基づき，本人に対して，個人情報保護委員会規則で定められる情報提供を行う必要がある。

この点，個人情報の保護に関する法律施行規則（以下，「規則」という）第11条の３によれば，外国の名称，当該外国の個人情報保護制度に関する情報，及び当該第三者が講ずる個人情報保護措置に関する情報を開示する

8 個人情報の保護に関する法律についてのガイドライン（外国にある第三者への提供編）平成28年11月（令和３年10月一部改正）５頁参照。

必要がある。これは，グローバル内部通報制度を何十という国・地域に導入することもあること等を考慮すれば，この要件を充足して同意を取得することは現実的ではない。

ただ，同法は，同意取得要件の例外として，以下の場合を定めている。

①　日本と同等の個人情報保護体制を有すると認定されている国の第三者に情報を移転する場合（すなわち，EU各国・英国）
②　法令に基づく場合，人の生命，身体又は財産といった具体的な権利利益が侵害されるおそれがあり，これを保護するために個人データの提供が必要であり，かつ本人の同意を得ることが困難である場合等
③　個人情報保護委員会規則で定める基準に適合する体制を整備している第三者に移転する場合

この点，①グローバル内部通報制度は，アジア地域などのEU圏以外の国地域に導入されることも多いのでこれに依拠することはできないことが一般的である。また，②上記４「第三者提供」において述べた通り，法令に基づく場合等の適用除外に頼ることができないケースも多い。したがって，現実的には，③の個人情報保護委員会規則で定める基準に適用する体制を整備している第三者へ移転するという枠組みによるしかない。

⑶　適切かつ合理的な方法

この点，同規則において，個人情報取扱事業者と個人データの提供を受ける第三者との間で，その第三者における当該個人データの取扱について，「適切かつ合理的な方法」により，「法第４章第２節の規定の趣旨に沿った

措置」の実施が確保されている場合[9]，第三者における体制整備が認められるとしている。

この点，個人情報の保護に関する法律についてのガイドライン[10]（外国にある第三者への提供編）（以下，「外国提供ガイドライン」という）９頁では，この「適切かつ合理的な方法」として，以下のように定めている。

① 外国にある事業者に個人データの取扱いを委託する場合
➡提供元及び提供先間の契約，確認書，覚書等

② 同一の企業グループ内で個人データを移転する場合
➡提供元及び提供先に共通して適用される内規，プライバシーポリシー等

⑷ DPA及びIGDTAの活用

この点，グローバル内部通報制度を実施するにあたり，①通報受付会社との間で，提供元及び提供先間の契約を締結することを要する。

実務的には，GDPRの遵守の際に必要となる通報受付会社との間のDPA（Data Protection Agreement）の締結と同様の対応が妥当であると考える。さらに，②企業グループ間では，SCC（標準契約条項）を含むIGDTA（Intra-Group Data Transfer Agreement）を締結することで対応可能と考える（この詳細に関しては，第５章のGDPRの遵守に関する記述を参照）。

９　その他，規則は，個人データの提供を受ける第三者が，個人情報の取扱いに係る国際的な枠組みに基づく認定を受けている場合にもこの要件が満たされるとするが，アジア太平洋経済協力（APEC）の越境プライバシールール（CBPR）システムの認定を受けている企業は少ない。

１０　平成28年11月公表（令和３年10月一部改正）

⑸　法第４章第２節の規定の趣旨に沿った措置

また，外国提供ガイドライン「法第４章第２節の規定の趣旨に沿った措置」においては，法第17条の「利用目的の特定」から第40条の「個人情報取扱事業者による苦情の処理」までにつき，全ての事項を上記の契約又は内規などに規定しなければならないということはないが，その趣旨を実質的に適切かつ合理的な方法により，本人の権利利益の保護に必要な範囲で，確保すれば足りるとされている。

これを遵守すべく，主に，DPA及びIGDTAの条項において以下の点が含まれているかを確認するなどの対応が求められる。

条文	項目	対応
第17条	利用目的の特定	DPA：通報受付会社は，グローバル内部通報制度の受付を実施する目的で個人情報を処理すること。 IGDTA：海外グループ企業は，グローバル内部通報制度を実施する上で，個人情報を含む通報内容，調査情報，再発防止策などの情報を処理すること。
第18条	利用目的による制限	DPA：通報受付会社は，グローバル内部通報制度の受付を実施する目的以外の目的で個人情報を処理してはならないこと。 IGDTA：海外グループ企業は，グローバル内部通報制度を実施する上で，個人情報を含む通報内容の確認，調査実施，再発防止策実施の目的以外の目的で個人情報を処理してはならない。
第21条	取得に際しての利用目的の通知	通報受付のWebページ等により，GDPRのPrivacy Noticeで，取得した情報の利用目的を本人に通知する。

第22条	データ内容の正確性の確保，不必要データの消去	通報内容，調査情報，再発防止策に関する情報につき，どの程度の期間が経過すれば不必要な個人データとして消去すべきかに関しては，第２章の公益通報者保護法の指針における記録の保管期間に関する記述を参照されたい。これらの情報は，日本本社がクラウドシステムを通じて一元的に管理することができる体制を構築することが望ましい。また，通報受付会社によっては，通報内容に関しては，通報内容自体だけでなく個人情報の部分だけを削除して匿名化するなどのサービスを行っているので，必要に応じて利用することが望ましい。
第23条	安全管理措置	DPA及びIGDTAにおいて，通則ガイドライン記載の組織的，人的，物理的，及び技術的安全措置の内容を記載することで対応することが可能である。責任者の設置，システムログの記録の整備，漏洩時の通知義務，監査の実施，従業員の教育，アクセス権者の限定，アクセス制御，データサーバーの管理，外部からの不正アクセスの防止（ファイアウォールの設置），情報漏洩の防止（設計時の安全性確保，継続的な見直し），暗号化などを記載することが望ましい。
第24条	従業者の監督	日本本社の担当者のみならず，調査を請け負うグループ会社のコンプライアンス担当者による個人情報保護が重要となるので，その監督を行う必要がある。そのためには，定期的に教育するなどの対応が必要となる。また，通報受付会社に関してはDPAで従業者の監督義務などを記載することが望ましい。
第25条	委託先の監督	通報受付会社による再委託を原則禁止するとともに，委託をする場合には必要不可欠な場合に限り再委託を認める。さらに，再委託の場合には，DPAと同様の義務を再委託契約により課す。適切な再委託先を選定し，再委託先で漏洩等があれば，通報受付会社

		において責任を負うとともに，直ちに日本本社に報告する義務があることを明記する。
第26条	漏洩等の報告等	DPA：通報受付会社において，通報内容の漏洩，滅失又は毀損その他の個人データの安全確保に係る事態（以下，「報告対象事態」という。）が生じた場合，日本本社に直ちに通報する義務があることを明確に規定する。 IGDTA：調査を委託したグループ会社において報告対象事態が生じた場合には，日本本社に直ちに通報する義務があることを明確に規定する。
第27条，第28条	第三者提供の制限，外国にある第三者への提供の制限	DPA：通報内容等の個人データの第三者提供を契約上，明確に禁止する（上記の再委託の場合を除く）。 IGDTA：通報内容等の個人データの第三者提供を契約上，明確に禁止する。なお，グループ会社の通報担当者以外の者に対して情報を提供してはならないことは，公益通報者保護法の指針（第2章）記載の通り，担当者との間で守秘義務契約を締結することによっても担保される。

(6)　継続的措置

上記の通り，規則に定める基準に適合する体制（以下，「基準適合体制」という）を整備している外国にある第三者に対して個人データを提供した場合，個人情報取扱事業者は，上記(4)等の措置の継続的な実施を確保するために，必要な措置を講じる必要がある（法第28条第3項）[11]。

その方法として，規則においては，

11　同条項では，本人の求めに応じて当該必要な措置に関する情報を当該本人に提供する義務が規定されているが，現実的にはこのような要請が行われることは稀であるので，本書では触れない。

①当該第三者における相当措置の実施状況，並びにその実施に影響を及ぼすおそれのある外国の制度の有無，及びその内容を適切かつ合理的な方法により，定期的に確認すること

及び

②当該第三者による相当措置の実施に支障が生じたときは，必要且つ適切な措置を講ずるとともに，その継続的実施確保が困難となったときは，個人データの当該第三者への提供を停止すること

とされている。

この点，①に関して，外国提供ガイドラインでは，外国の制度の有無及び内容を適切かつ合理的な方法により，「定期的に」確認するということは，年に１回程度又はそれ以上の頻度で確認することをいうとされている。

しかし，グローバル内部通報制度を数十カ国で実施する日本の大企業にとって，毎年数十カ国の個人情報保護関連法制を確認することは大変な作業である。したがって，この点は，最近個人情報保護法が制定・施行された国（中国，タイ等），従業員の人数が多い重要拠点の所在国，及び個人情報保護関連の法令リスクが高い国（欧州等）に限って実施することが現実的な対応であると考える。

また，通報受付会社における相当措置の実施を確認する方法としては，定期的に個人情報保護に関する監査報告書を受領することが考えられる。また，海外のグループ会社への個人データの提供については，調査及び再発防止策終了後は，可能な範囲で，日本本社が管理するその情報に対するアクセスを制限するなどの対応を行うことにより，情報漏洩が生じないように対処することが考えられる。

また，②の個人データの第三者への提供禁止については，通報受付会社

の情報管理に脆弱性が見つかった場合には速やかに再発防止策を要請し，妥当な場合には契約解除を行って，通報内容のデータ削除を求めることが考えられる。また，海外のグループ会社への個人データの提供については，たとえば現地コンプライアンス担当者が情報漏洩を行った場合には，速やかに担当者を変更して，適宜，懲戒を行うなどの対応が必要となろう。

6　要配慮個人情報への対応

(1)　要配慮個人情報の規制

個人情報保護法第20条第２項により，一定の場合を除き，要配慮個人情報は本人の同意を得ないで取得してはならないとされており，同法第27条第２項但書により，第三者提供の場合のオプトアウトが認められていない。

この点，同法第２条第３項により，「要配慮個人情報」とは，「本人の人種，信条，社会的身分，病歴，犯罪の経歴，犯罪により害を被った事実その他本人に対する不当な差別，偏見その他の不利益が生じないようにその取扱いに特に配慮を要するものとして政令で定める記述等が含まれる個人情報」と定義されている。

(2)　グローバル内部通報制度と要配慮個人情報

グローバル内部通報制度の運用にあたり，これらの情報を積極的に取得しようとすることはないから，通常は要配慮個人情報の取扱いの問題は生じないことが一般的である。

ただ，稀に通報内容に心ない人種差別的な表現や被通報者の宗教的な信条が記載されることもある。その場合には，日本本社の担当者において，すみやかにその部分のみをデータから削除するなどして，要配慮個人情報の取得又は第三者提供の問題が生じないようにする必要がある。

また，上司又は同僚から暴力や脅迫を受けたという内容のハラスメントの通報がある場合もある。その場合には，要配慮個人情報のうち「犯罪により害を被った事実」に該当する可能性がある。しかし，本人自身が通報しているのであるから，その通報による情報取得は本人の同意に基づくものと考えられる。

また，日本本社が現地子会社にその情報を共有して調査を行う場合，要配慮個人情報の第三者提供の問題が生じる。この点，通報受付会社の通報受付Webページで地域統括会社又は現地子会社のコンプライアンス担当者に調査を委託する可能性があることも明示しておくことで対応することが可能と考える。

7　安全管理措置

法第23条により，個人情報取扱事業者は，その取り扱う個人データの漏洩，滅失又は毀損の防止その他の個人データの安全管理のために必要かつ適切な措置を講じなければならない。

グローバル内部通報制度では，日本本社においてその体制を構築する必要があるが，通則ガイドライン「10（別添）講ずべき安全管理措置の内容」を参考に，組織的，人的，物理的，及び技術的安全措置を実施することとなる。

この点は，第２章の公益通報者保護法に基づく内部通報体制の構築と重なる部分があるが，具体的には，責任者の指名，通報・調査・再発防止策に関する情報の記録の整備，漏洩時の対応，監査の実施，通報担当者の教育，アクセス権者の限定，アクセス制御，データサーバーの管理，外部からの不正アクセスの防止（ファイアウォールの設置），情報漏洩の防止（設計時の安全性確保，継続的な見直し），暗号化などの方法を実施することとなる。

第4章

ＥＵ公益通報者保護指令
―日本法との比較

1　はじめに

欧州では，2019年10月23日，EU公益通報者保護指令[12]（以下，単に「EU指令」という）が採択された。同指令は通報者を保護するEU圏共通の最低限の基準を定めるものである（同第１条）。これは個人情報保護に関するGDPRのようなRegulationとは異なり，国内法の制定によりはじめてEU各国において法的強制力を得る。

EU指令に基づき，EU加盟各国は，2021年12月17日までにEU指令を反映させた国内法を施行しなければならないが（同第26条第１項），本書執筆時点においては，未だドイツ，フランスなどの主要国を含め，この国内法の整備はあまり進んでいない（本章末尾参照）。

しかし，いずれはEU各国すべてにおいて国内法化されるので，欧州にグループ拠点を有する日本企業としては，EU圏内の通報者保護に関する最低限のルールであるEU指令を理解しておくことは有益である。

本章では，EU指令を，2022年６月１日に施行される改正公益通報者保護法（以下，本章において「改正法」という）と比較することで，単にそれぞれの法令を理解するというだけでなく，内部通報制度全般に関する原則（プリンシプル）の理解につなげたい。

12　正式な英語名称は「DIRECTIVE（EU）2019/1937 OF THE EUROPEAN PARLIAMENT AND OF THE COUNCIL of 23 October 2019 on the protection of persons who report breaches of Union law」。

2　統一的な法制度の制定経緯

(1) EU指令――EU各国での通報者保護制度の統一化

EU 公益通報者保護指令案が発議される以前は，通報者保護制度を国内法として整備していたのはEU加盟国全28カ国のうち10カ国のみであり，国内法を整備している国であっても，各EU加盟国の法整備状況がまちまちの状況であった。

そのような中，汚職の多発する公共調達部門を主な対象とした，欧州委員会による2017年の調査により，通報者保護制度が存在しないことによる潜在的な利益の損失は，公的調達の分野だけでもEU全体で毎年58億ユーロから96億ユーロにのぼると推定された[13]。

このように，通報者保護制度の欠如による社会全体の経済的損失が意識されたことも理由となり，通報者保護制度を適正に構築することの重要性が社会的に広く認識され，EU理事会においてEU指令案の骨子が策定され，これを基に欧州委員会が法案化し，EU指令が採択された。

(2) 日本法――不祥事の頻発と通報者への報復への対応

2006年４月に公益通報者保護法が施行され，上場企業を含む大企業では内部通報制度の整備が進んだ。しかしながら，中小企業での制度整備は未だ不十分であり，また，大企業においても近年，内部通報制度が機能せず社会問題化する大規模不祥事が後を絶たない。

さらに，内部通報者に対して不利益な取扱いが行われ，制度の信頼性を

13 「Estimating the Economic Benefits of Whistleblower Protection in Public Procurement」

害する事例が発生し，公益通報者保護制度の実効性の向上が課題となっていた。

また，公益通報者保護法について，その適用範囲が狭く，保護対象となる要件が厳しすぎるのではないかとの問題意識とともに，保護対象となった通報についても民事的な効果だけでは不利益取扱いを抑止するために不十分ではないかとの問題意識があった。

そこで，2022年6月に施行される改正法では，通報者を特定させる情報を漏洩した者に対して30万円以下の罰金を科すことが規定され，従業員300名を超える事業者に対しては内部通報受付体制の構築義務が課せられ，行政機関等への通報の要件が緩和されるなどの改正が行われた。

3 規制の具体的内容

1 保護される通報者の範囲

(1) EU指令――広い保護対象

EU指令においては，公務員を含む労働者，自営業者，株主，役員，ボランティア，研修生（無償の場合も含む），請負業者・下請業者・サプライヤーに指揮命令を受ける者が保護対象となる。さらに，雇用契約又は請負契約などの締結前の者が採用手続又は契約交渉中に得た情報を提供する場合のみならず，退職者，元取引先の職員も保護対象となっている。

また，保護対象は，通報者本人だけではなく，通報者を支援した者（facilitatorと呼ばれる），通報者の同僚又は親族などの通報者と関係を持ち報復を受けるおそれのある第三者，及び通報者が所有し，勤務し，又はその他業務関連で関係を持つ法人も保護対象となっている（以上，EU指令第4条，第5条）。

したがって，下記の通り日本法と比べて，EU指令の方が，求職者，通報者の支援者，退職後1年超の退職者，通報者の勤務先等の法人まで保護の対象とされており，保護される通報者の範囲がかなり広く定められている。

ただし，EU指令において内部通報制度の構築義務として事業者が通報を受け付ける必要があるのはその従業員だけであり，他の者からの通報を受け付けるかは事業者の裁量となっている（EU指令第8条第2項）。したがって，EU指令では通報を受け付けた場合の保護対象は広く定めているが，内部通報制度の構築義務としての通報受付義務の範囲は広いとは言えない。

⑵　日本法——改正法で範囲が拡大

改正前の公益通報者保護法（以下，「旧法」という）は，その適用対象を，労働基準法等が適用される「労働者」等に限定し[14]，退職者や取締役，執行役その他の役員は保護の対象外としていた。

しかしながら，実際にこれらの者が通報を行った後に事業者から退職金を不支給とされたり損害賠償を請求されたりするなどの事例が生じたこと，これらの者が事業者の不祥事を知りうる立場にあり，これらの者による通報を促進する必要があることなどから，改正法は退職者（退職後1年以内）および役員についても，保護される通報者に追加した（第2条第1項）。

14　自らの労働者のみならず，派遣労働者，及び取引先の労働者を含む（公益通報者保護法第2条第1項各号）。

2　通報対象法令

(1)　EU指令—分野別の法令違反に限定

EU指令における通報対象法令は，以下の分野に係る EU 法（詳細はEU指令の別紙において規定）であり，その他，EUへ財産的損害を与える詐欺的行為，EU圏内の物，人，資本，サービスの自由な移動に関する法令違反（第２条第１項）も保護対象とされている。

- 公共調達
- 金融サービス，商品，市場，マネー・ロンダリング防止及びテロ資金供与
- 製品の安全性
- 輸送の安全性
- 環境保護
- 放射線防護及び原子力安全
- 食品及び飼料の安全並びに動物の健康及び福祉
- 公衆衛生
- 消費者保護
- プライバシー及び個人データ保護並びにネットワーク及び情報システムのセキュリティ

また，各EU加盟国において国内法化する際にさらに通報対象事実を拡張することも許されている（同条第２項）。

したがって，通報対象となる法令の範囲を一定程度に限定する点においては，下記の通り日本法とEU指令との間には共通性があるものの，EU指令においては日本法のような罰則規定の有無による限定はない。EU指令では特に重要な法益を守る法令違反についての通報を保護することで，その通報を推奨し，その法益保護につなげる姿勢を示している。

(2)　日本法―罰則規定がある法令に限定

旧法は公益通報者保護法の別表に定める法律において刑事罰の対象となる行為のみを通報対象事実としていた。しかしながら，通報対象事実を拡大して通報者の保護を図るべきニーズが高まったことから，改正法は，行政罰（過料）の対象になる行為も通報対象事実に含むこととした（改正法２条第３項第１号）。ただし，刑事罰・行政罰の規定のない法律は依然として対象外であり，対象法律を別表及び政令に列挙するいわゆる限定列挙方式が維持されている。

3　通報方法

(1)　EU指令―３つの通報ルート

EU指令においては，以下の３つの通報ルートがある（EU指令第５条第４号乃至第６号）。

① 内部通報：民間・公共部門の法人内で口頭又は書面で違反行為の情報を提供すること
② 外部通報：権限のある当局に口頭又は書面で違反行為の情報を提供すること

③　公の開示：違反行為の情報を公知の情報とすること

まず，第一に指摘すべき事項として，EU指令においては，匿名通報を受け付けるべきかについては，EUの各加盟国の自主的な判断に委ねるとしているが（EU指令第6条第2項），匿名の通報者がその個人を特定する情報を知られて報復を受けた場合には，保護要件を満たす限りにおいて，保護の対象となる（同条第3項）。

したがって，EU各国において，匿名通報を受け付けるべきかについては各国で異なることになるが，匿名通報であっても通報者に対する報復禁止を徹底する必要がある。

また，EU指令においては，各EU加盟国に対して，外部通報を行う前に内部通報を行うことを推奨するように求めている。

それは，内部通報により違反行為が事業者内で是正され，通報者において報復のリスクを恐れず内部通報が行われることが理想であるからである（EU指令第7条第2項）。

ただし，事業者にて内部通報制度を告知するにあたり，外部通報及び公の開示が可能であることを伝えることが求められている（同条第3項）。

(2)　日本法―3つの通報ルート

通報先について，以下の3つが挙げられている（公益通報者保護法第2条，第3条）。

①　労務提供先等
②　通報対象事実について処分又は勧告等をする権限を有する行政機関
③　報道機関等（「その者に通報することが通報対象事実の発生又はこれによる被害の拡大を防止するために必要であると認められる者」）

改正前は，②の行政機関への通報の場合，保護要件として「通報対象事実が生じ，又はまさに生じようとしていると信ずるに足りる相当の理由」（以下「真実相当性」という）が必要条件とされていた。

また，③の報道機関等への通報の際には真実相当性に加えて事業者内部で通報し又は行政機関に通報すれば解雇等の不利益を受けると信じるに足りる相当の理由があるなどの一定の項目のいずれかを満たす必要があり，さらに要件が加重されていた。

この点，改正法では，②の行政機関への通報については，通報者が実名通報する場合（すなわち，自身の氏名等を記載した書面を提出する場合）には，真実相当性の要件を求めず，「通報対象事実が生じ，若しくはまさに生じようとしていると思料」することで足りることとした（第３条第２号）。これにより，行政機関への通報のハードルを大幅に下げた。通報者において，通報内容が事実であるかの確証はないが，その事実があると考えている場合でも，監督官庁として積極的に収集すべきであるからである。

この意味で，公益通報者保護法上，行政機関への通報に関しては，実名通報が匿名通報よりも厚く保護されているということができるが，①事業者内部での通報においては，実名・匿名に関しては法律上，区別されていない。

さらに，報道機関等への通報についても，改正法でも真実相当性は求められているものの，旧法上の保護対象として認められなかった財産に対する損害（回復困難又は重大なもの）が差し迫っている場合，及び使用者に通報をした場合に通報者を特定させる情報を故意に漏洩すると信じるにつき相当な理由がある場合の通報についても，新たに保護の対象とした（第３第３号イ）。

4　内部通報制度の確立義務

(1)　EU指令—従業員50名以上

EU指令においては，50名以上の従業員を持つ法人に対して内部通報制度の構築義務を課している（EU指令第８条第３項）。しかし，50名から249名の法人に対しては，2023年12月までこの義務を猶予している（同第26条第２項）。

ただし，金融機関など，金融サービス，マネー・ロンダリング，運輸安全及び環境保全等に関するEU法規制の適用がある法人に関しては，50名か否かにかかわらず，内部通報制度の構築義務を負う（同第８条第４項）。

さらに，各EU加盟国は，環境，公衆衛生等に関する適切なリスク評価を行うことで，50名という下限よりもさらに少人数の下限を設けて，広い範囲でこの義務を課すことが認められている（同第７項）。

この通り，日本法と比べて，原則50名以上の従業員を持つ法人に構築義務を課している点で，EU指令がより厳格であるということができる。

また，EU指令において，内部通報制度の内容について，以下の体制整備が必要であるとしている（同第９条第１項）。

①　通報者のみならず通報で言及された第三者を特定する情報の秘密性を確保し，権限のない従業員によるアクセスを防止すること。
②　通報を受領してから７日以内に通報の受領通知を行うこと。
③　通報に対応する中立的な担当者又は部門の指定を行うこと。
④　担当者又は担当部門において誠実に通報への対応を行うこと。
⑤　EU各国法に定めがある場合には，匿名通報に対しても誠実に対応を行うこと。
⑥　通報の受領通知（受領通知を行わない場合には通報時）から起算して３カ月を超えない限度で，合理的な期限までに通報者に対してフィードバックを行うこと。
⑦　明確かつ簡単にアクセス可能な外部通報に関する情報提供を行うこと。

さらに，通報の方法は，書面若しくは口頭，又はその両方で行われる。口頭の通報は，電話又はボイスメッセージで受け付けるものとし，通報者の要請があれば，合理的な時間帯で直接の会議で行われるものとされている（EU指令第９条第２項）。

また，電話・ボイスメッセージの記録は，確実かつ確認可能な状況で録音記録に残すか，通報担当者が完全かつ正確な聴取書を作成する必要がある。後者の方法を採用する場合には，通報者に対してその確認の機会を与える必要がある（EU指令第18条第２項，第３項）。

なお，通報者の要請により会議を持った場合には，同様にその録音記録を残すか，その正確な議事録を作成する必要があり，議事録に関しては通報者に対して確認の機会を与える必要がある（同条第４項）。

また，受領した通報については，秘密保持義務を守ったうえで，記録化するとともに，EU指令その他の法令の要求事項を遵守するのに必要かつ妥当な期間を超えて，継続保持してはならない（EU指令第18条第１項）。

このように，通報制度の内容について，日本法に比べ，EU指令は，指針又はその解説などではなく法文内において比較的詳細な規定を置いている。

(2) 日本法―従業員300名超

改正法では，内部通報体制整備の義務が課された（第11条第１項及び第２項）。しかし，従業員数が300人以下の事業者においては努力義務とされている（同条第３項）。

また，内部通報体制整備の義務につき，内閣総理大臣において指針を定めるものされている（同条第４項）。この指針及びその解説の詳細については，第２章において詳述している。

5 通報者を特定させる情報の秘密保持

(1) EU指令―罰則はEU各国法に委ねられる

EU指令において，EU加盟国に対して，通報を受付又はそれに対応する担当者の範囲を超えて，通報者の明示的な同意がない限り，通報者を特定する情報を開示しない制度の構築を義務づけている。この義務は，単に通報者の氏名などに限らず，通報者を特定させる直接的又は間接的な情報も対象となる（EU指令第16条第１項）。また，EU指令では，政府当局の捜査の際にも，当局において通報者を特定する情報の秘密保持義務を定めている

（同２項及び３項）。

また，その違反に関して，EU指令では具体的な罰金額などは定めていないが，EU加盟国に対して，法人又は自然人に対する，効果的で，相当かつ抑止力ある制裁の立法化を義務づけている（EU指令第23条第１項（d））。

⑵　日本法―個人に対し30万円以下の罰金

改正法では，内部通報制度の担当者，すなわち，受付業務，通報対象事実の調査業務及び是正に必要な措置をとる業務に従事する者に対し，通報者を特定させる情報を正当な理由がなく漏洩してはならない旨の守秘義務を課した（改正法第12条）。

この義務に関しては，第２章において詳述しているが，たとえば，通報窓口を設置しているコンプライアンス部に所属する従業員や，通報窓口業務を委託されている弁護士・委託先会社の従業員などがこの義務を負う。部下から通常の業務に関する相談として，公益通報に該当する相談を受けた上司は対象外である。

この義務に違反して情報を漏洩した場合には，30万円以下の刑事罰の対象となる（改正法第21条）。罰金額の上限としては多額ではないが，刑事罰を科せられることは大きな信用毀損につながるので強い抑止効果が期待されている。

6　通報者に対する報復禁止

⑴　EU指令―立証責任の転換あり

EU指令は，EU加盟国に対して，以下の表の通り例示される通報者へのいかなる態様による報復も行われないようにするべく，必要な措置を講じることを求めている（EU指令第19条）。

それに加え，EU指令では，以下の保護措置を定めている（同第21条）。EU加盟国は，通報者の救済及び完全な補償を確実にするために適切な措置を講じることが求められる。

【報復行為の例示】

① 停職，一時帰休，解雇または同等の措置。
② 降格又は昇進保留。
③ 配置転換，転勤，減給，就業時間の変更，
④ 研修を受けさせないこと。
⑤ 成績のネガティブ評価，又は雇用に関する推薦状での否定的評価。
⑥ 金銭的不利益を含む，あらゆる懲戒，けん責その他の不利益。
⑦ 威迫，脅迫，ハラスメント，隔離。
⑧ 差別，不利又は不公平な扱い。
⑨ 労働者の合理的期待にもかかわらず，臨時雇用契約を無期限雇用契約に変更しないこと。
⑩ 臨時雇用契約の更新を行わず，又は早期に終了させること。
⑪ 信用毀損（特にソーシャルメディア上），事業・収入の損失を含む経済的損失。
⑫ 将来，その業界，産業において職に就くことができなくなる，業界又は産業の非公式又は公式のブラックリストに載せること。
⑬ 商品又は役務契約の早期終了又は解消。
⑭ 許認可の取り消し。
⑮ 精神病又は疾病についての言及。

【報復禁止のための具体的措置】

① 通報者は，通報又は公の開示を行ったことにより，情報開示規制（事業者に対して負う秘密保持義務違反など）に違反したことにはならないこと（ただし，EU指令に従ってその違反を告発する必要があると信ずる合理的な根拠がある場合に限る）。
② 通報者は，通報又は開示された情報の取得又はアクセスにつき責任を負わないこと（ただし，適用される現地法によりその情報取得又はアクセスが独立した犯罪行為にならない場合に限る）。
③ 通報者が通報又は公の開示を行い，不利益な取扱いを受けたことを裁判その他の手続において証明する際，その不利益は通報又は公の開示に対して行われたものであると推定される（立証責任の転換）。
④ 現地法に従って，適切である場合には，通報者の報復からの保護のため，法的手続の決定以前に，仮処分を含む是正策が認められる。
⑤ 名誉毀損，著作権法違反，秘密保持義務違反，データ保護規則違反，営業秘密の開示，私法，公法，又は労働組合法に基づく補償請求などの法的手続において，通報者は，通報又は公の開示を行ったことにより，これらの責任を負うことはない。

この点，以下の日本の改正法第７条による事業者が通報者に対して通報により損害を被ったことを理由とした損害賠償請求の禁止は，上記のEU指令の定め（特に①及び⑤）に由来するものと考えられる。ただ，改正法では，まだEU指令で認められる立証責任の転換，すなわち通報者が不利益を受けた場合，それが通報によるものであると推定すること（上記③）は認められていない。これは，改正法の付則第５条により，施行後３年を目処とする今後の検討課題となった。

⑵ 日本法―立証責任の転換なし

旧法下においても，通報者への通報をしたことを理由とする報復（解雇，降格，減給，退職金の不支給その他不利益な取扱い）を禁止している（第３条から第５条）。

すなわち，保護対象となる通報を行ったことに対して，解雇を行えば無効となり，その他の不利益処分である降格，減給，退職金の不支給なども禁止されている。

改正法においては，それをさらに強化し，事業者が通報者に対して通報により損害を被ったことを理由とした損害賠償請求を禁止することとした（改正法第７条）。

また，保護される通報者として役員が加えられたことにより，保護対象となる通報を行ったことに対して，解任されればそれに伴う損害賠償請求を行うことができるものとされた（改正法第６条）。

しかし，改正法のものでも，かかる報復を行ったとしても，このような原状回復的な措置がとられるだけであり，それを超えて事業者に対して刑事罰，行政罰などの制裁が科せられることはない（悪質な場合には，法文上は通報制度の構築義務違反を理由に，改正法第15条を根拠として，事業者に対して，報告を求め，助言，指導，勧告が行われ，それに従わない場合は，第16条に基づいて公表されることもありうる）。

7　罰　則

(1)　EU指令―法人処罰あり

EU指令は，EU加盟国に対して，以下の自然人または法人に対し，効果的かつ適切な抑止効果のある制裁を課す制度を導入しなければならないとしていている（EU指令第23条第１項）。これは刑事罰のみならず行政罰も含まれる。

この通り，EU指令においては，日本法と異なり，法人すなわち事業者に対しても制裁を課すことを前提としている。

①　通報を妨げ，または妨げようとする者 ②　通報者に報復措置をとる者 ③　通報者に濫訴を提起する者 ④　通報者を特定させる情報の守秘義務に違反する者

なお，EU指令においては，通報者本人が故意に虚偽の情報を通報し，又は公に開示したことに対する制裁もEU加盟国の国内法において規定すべきとしている（同条第２項）。日本の改正法では同様の定めはないが，通報者本人制裁内容如何によっては通報者を萎縮させることになりかねず，慎重な法制化が必要であろう。

(2)　日本法―個人処罰のみ

すでに述べたが，改正法により，公益通報対応業務の従事者が守秘義務規定に違反して通報者を特定させる情報を漏洩した場合に，30 万円以下の罰金の対象となることになった（第21条）。

しかし，これは通報制度の担当者個人に対する制裁であり，事業者に対する制裁ではない。立法過程において通報を理由として不利益取扱いをした事業者に対する行政措置（助言・指導，勧告及び勧告に従わない場合の公表）を導入すべきという議論もあった。しかし，改正法においては導入されず，附則第５条の検討規定に「公益通報者に対する不利益な取扱いの是正に関する措置の在り方」が検討対象として明記されるに留まった。

報復行為は個人によって行われるが，事業者の業務に関して行われるものであるので，事業者の責任を問わないことはバランスを欠くといわざるをえない。

EU指令のEU各国における国内法化の状況（2022年2月現在）

国名	状況
Austria	遅延
Belgium	遅延
Bulgaria	遅延
Croatia	遅延
Cyprus	制定（2022年１月20日制定）
Czechia	遅延
Denmark	制定（2021年６月24日制定，同年12月17日施行）
Estonia	遅延
Finland	遅延
France	遅延

Germany	遅延
Greece	遅延
Hungary	未着手
Italy	遅延
Latvia	制定（2021年１月20日制定，2022年２月４日施行）
Lithuania	制定（2021年11月16日制定，2022年２月後半に施行予定）
Luxembourg	遅延
Malta	制定（2021年11月16日制定）
Poland	遅延
Portugal	制定（2021年11月26日国会にて可決。2022年６月施行予定）
Slovakia	遅延
Slovenia	遅延
Spain	遅延
Sweden	制定
The Netherlands	遅延

第5章

海外各国における法令遵守

1　米　国

1　米国特有の通報者保護制度

米国では，日本の公益通報者保護法，又はEUのWhistleblower Protection Directiveのような統一的な通報者保護制度は存在しない[15]。しかし，米国の公開企業については後に述べるSOX法により内部通報手続の整備が義務づけられている。

さらに，ドッド・フランク法等に基づき，通報者が政府から多額の報奨金を受け取ることができる制度が存在する。

また，米国では，労働法などの一定の法分野において，通報者が当局又は使用者である企業などに通報し，それにより，報復措置を受けた場合，政府に対して数十日という一定期間内に届出を行うことにより保護が与えられるという制度が存在する。

2　米国の大企業において確立された実務

米国の公開企業は，SOX法により，内部通報制度の整備が義務づけられることとなった。これに基づき，米国の公開企業の多くは，欧州又は日本の企業に先駆けて内部通報制度を構築し，本社における法務コンプライアンス部門において多数の弁護士を含む担当者を任命し，通報受付業者を通じて受け取った通報を効率的に調査する体制を整えている。

15 「Whistleblower Protection Act of 1989」という法律があるが，同法は米国連邦政府の従業員による通報につき報復禁止などを定めるものであり，民間企業には適用されない。

その制度の重要な構成要素として，報復禁止などの措置が整備されており，調査を実施する場合には，現地法人又は地域統括会社の法務コンプライアンス担当者と共同し，必要に応じて積極的に外部弁護士等を起用する。

その意味で，米国は，全ての領域で適用される法制度はないが，実務においては内部通報制度において先駆的な地位にあるといっても過言ではない。

3　背　景

2001年に生じたエンロン事件という巨大な不正会計事件が，内部通報者による暴露と関係者の協力により発覚したということが米国の内部通報制度の発展に大きく寄与した。その時点では米国法上，十分に通報者を保護する制度は存在しなかったが，これらの事件を受けて2002年，Sarbanes-Oxley Act（すなわち，SOX法）が制定され，米国公開会社につき，通報者保護が明記されるとともに，内部通報制度の確立が義務づけられた。

さらに，2008年のリーマンショックによる国際金融危機への反省から，2010年にドッド・フランク法が制定されるに至り，通報者への報奨金の支払が定められた。以下，米国の通報者保護に関する法制度を概観する。

4　SOX法に基づく通報者保護

(1)　適用範囲

SOX法は，米国で継続開示義務がある公開企業（主に米国上場企業），その子会社・関連会社，それらの役職員，その契約先，下請け，代理人等において，証券取引法違反関連の通報を行う従業員に対して，解雇，降格，脅迫，嫌がらせ行為，差別行為などの不利益取扱いを禁止している（18U.S.C§1514A）。通報の相手方は，連邦当局，国会議員・国会の委員会，使用者である企業である。

⑵ 救　済

従業員に対して不利益取扱いが行われた場合，労働省長官[16]に届出を行い，その後180日以内に労働省長官が最終決定を出さない場合又はそれに不服がある場合には，管轄権を有する連邦地方裁判所に訴えを提起することが認められる。

その場合に従業員に認められる救済としては，従前の職位への復職，遡及賃金（利息を含む）の支払，訴訟などにより要した訴訟費用，弁護士報酬，専門家証人の報酬の支払が認められる。

⑶ 刑事罰

さらに，SOX法上，当局に対して情報を提供した者に対して雇用関連で故意に危害を与えた場合，罰金又は10年以下の懲役が科せられることが定められた（18U.S.C§1513（e））。

⑷ 監査委員会による内部通報制度構築義務

それに加え，同法上，公開会社は，監査委員会が主体となって，①会計，内部会計管理，監査事項に関して，公開会社が受領した申立てを受領，維持，及び対応し，かつ，②疑わしい会計又は監査関連問題の懸念事項を，公開会社の従業員が秘密かつ匿名で提出できる手続を構築する義務を負う（18U.S.C§78j-1（m）（4））。

16　届出先はOccupational Safety and Health Administration（OSHA）

これにより，米国の公開会社は内部通報制度の構築が義務づけられ，これに従って，米国会社を中心にグローバル内部通報制度が発展していくことになった。それは，かかる体制を構築すべき対象は，米国本社・米国子会社に限られず，全世界に展開するグループ会社も含まれるからである。

いうまでもなく，米国外の連結対象企業で不正が生じた場合，米国本社の会計財務の数値に悪影響を及ぼす可能性があるので，全てのグループ会社に内部通報制度を導入することが義務づけられた。これは，エンロン事件において，米国本社の不正だけでなく，日本子会社を含めた在外関連会社においても不正が行われていたことからも納得ができる。

5　ドッド・フランク法に基づく制度

リーマンショック後の金融危機を契機に，2010年７月，ドッド・フランク法が制定された。特徴としては，すでに述べた通り，通報者に対する報奨金制度が定められたことである（15U.S.C. §78u-6）。

具体的には，証券取引員会（SEC）が証券取引法の違反につき，SECには未だ知られていない情報を通報者がその独自情報を提供することで，司法手続又は行政手続に基づいて，100万ドル超の金銭的懲罰（課徴金，罰金，違法利益の追徴等）に至った場合，通報者に対して，その金額の10%以上，30%以下の報奨金を支払うという制度である。

この10%から30%の範囲内での報奨金額については，SECは，通報者が提供した情報の重要性，通報者の司法・行政手続における協力の程度，SECが報奨金を提供して法執行することで証券取引関連法違反を防止する実際上の価値，その他SECが定める要素に基づいて決定する。

ただ，通報者が規制官庁の従業員である場合（たとえば司法省の検察官）にはこの報奨金は支払われず，通報者本人が刑事罰又は行政罰を受けうる違反につき通報した場合には報奨金を受け取る資格がない。

また，証券取引関連法で求められる財務監査により通報者がその事実を知った場合，又はSECが要求する形式で情報を提供しない場合にも同様に支払われない場合がある。通報者が匿名で通報する場合には，弁護士を代理人として通報することが求められるが，報奨金を受け取る前に，SECに対して個人を特定する情報を開示することが求められる。

逆にいえば，これらの条件を満たす限り，国籍を問わず，誰に雇用されているかも問わず，誰もがこの報奨金を受け取ることができるのである。

それ故，SECには毎年，多数の通報を受けている。たとえば，2021年度は1万2210件の通報を受け付けた[17]。

▶SECへの通報者数

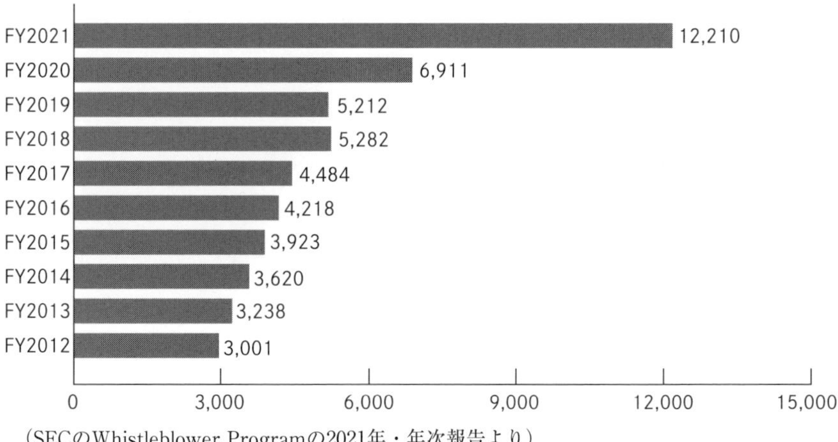

（SECのWhistleblower Programの2021年・年次報告より）

17　2021 Annual Whistleblower Program Report to Congress (sec.gov)

また，2021年９月15日のSECの発表によれば，最高額として２名の通報者に対して合計114百万ドルの報奨金を支払った。これにより，累計支払報奨金額が10億ドルを超え（合計207名の通報者），2021年度だけで500百万ドルもの報奨金を支払うに至った。この通り，報奨金制度はSECにとって重要な調査手段として活発に利用されている。

コラム　パナソニック事件

2021年５月19日，米国証券取引委員会（SEC）は，パナソニックの米国子会社とその幹部による贈賄疑惑を巡り，SECと司法省（DOJ）が調査を始めるきっかけとなった情報を提供したとして，ドッド・フランク法（The Dodd-Frank Wall Street Reform and Consumer Protection Act）に基づいて内部告発者に2800万ドル（約30億円）の報奨金を支払ったことを明らかにした。これに３年ほど先立つ2018年４月30日，SECとDOJは，パナソニックと米国子会社に対し，海外腐敗行為防止法（FCPA）違反などで２億8040万ドル（約300億円）余りの制裁金を課しており，上記報奨金は制裁金・罰金の約10％に相当する。

自社の不正を当局に通報することで一攫千金を得ることにつき，倫理的には賛否両論あろう。しかし，通報者が単に正義感だけで情報提供するという考え方はあまりに楽観的なものである。実際には，内部抗争で有利な地位に立つ，怨恨を晴らす，どうにか解雇を免れたいなどの個人的な目的で通報することが多い。

この問題は，米国の独禁法で認められたリニエンシー制度が日本の独禁法にも導入されたこととパラレルに考えてもよい。すなわち，当時は「日本人は仲間を守る意識が強いから，あまり利用されないだろう。」という憶測もあったが，現在は活発に利用されており，倫理的な違和感も解消されている。したがって，日本においても会計不正などの一定の分野で通報者に報奨金を支給することも十分に考えられるのではないだろうか。

さらに，同法により，SOX法で定められた通報者保護がさらに明確化された。すなわち，同法は，通報者が，SECが所管する証券取引法，SOX法などの法令違反に関して，SECに情報提供し，SECの調査又は司法・行政手続において証言その他の協力を行い，又はSEC所管の法令に関して要請もしくは保護される開示行為を行ったことにより，使用者が通報者に対して解雇，降格，抵触，威迫，ハラスメント，その他の差別行為を行うことを禁止している。

通報者がかかる差別行為を受けたときは，管轄を有する連邦裁判所に訴えを提起することができ，証人喚問を求めることができる。その時効期間は，差別行為のときから６年，又はその行為に関して訴えを提起するための重要事実を知ったときから３年以内とされているが，いかなる場合も，差別行為の10年以内に提起することが求められている。

さらに，その差別行為に対する救済として，従前の地位の回復のみならず，遡及賃金の倍額，訴訟費用，専門家証人の報酬，及び合理的な弁護士報酬を請求することができる。

したがって，SECに情報提供することにより，たとえ報奨金を得ることができなかったとしても，差別的な取扱いを受ければ，本来得られるべき賃金の倍額などの補償が与えられる。その意味で，ドッド・フランク法はSOX法よりも，通報者の保護を飛躍的に高めたということができる。

6　その他の個別法に基づく通報者保護

(1)　FCA法（不正請求禁止法）に基づく保護

一般にFCA法と呼ばれる不正請求禁止法（False Claims Act）は，米国連邦政府に対する不正請求を行った者に制裁を与えるものである。

たとえば，米国にはMedicare及びMedicaidという政府による医療保障制度が存在するが，この制度を悪用して製薬会社などが本来，承認の適用外の用法で自社の医薬品を処方させて利益を得た場合，同法により制裁を受ける。

実際にも，2020年度にはDOJはFCA法に基づき22億ドル（約2400億円）を回収し，そのうち18億ドル（約2000億円）以上がヘルスケア業界の不正に基づくものであった。

また，医薬品大手のGlaxoSmithKline（GSK）は2012年７月にFCA訴訟に際して史上最高額の3000億円以上の支払で和解している。

この法律に基づいて個人が報奨金を受け取るには，連邦政府に対する不正請求を知った者が，連邦政府のために，製薬会社などの不正請求を行っている者を被告として，民事訴訟を提起する必要がある（一般に，Qui Tam訴訟と呼ばれる）。その後，政府はこの訴訟を承継して自ら訴訟追行することができる。その場合，政府がその訴訟の結果，得られた金銭的制裁の15％から25％の報奨金が貢献度合に応じて付与される（メディア情報などに基づいてQui Tam訴訟を提起した場合には10％）。

他方，政府が訴訟を承継せず，当初の原告が訴訟を追行した結果，被告を相手方とする金銭的制裁が得られた場合，その額の25％から35％が付与される（31 U.S.C § 3730（d））。

それに加えて，かかる訴訟を追行して不正請求を止めようとした従業員等に対して解雇，降格，出勤停止，威迫，又はハラスメントを行うことは禁止されており，かかる行為が行われた場合には，従前の地位への復帰，遡及賃金の倍額，訴訟費用・合理的な弁護士費用などの特別損害の救済が与えられる。

コラム　オリンパス事件

2016年，DOJ及びSECはオリンパスに対して米国FCPA（海外腐敗行為防止法）及び反キックバック法に基づき，総額646百万ドル[18]に及ぶ制裁を科した。この件はFCA法に基づき，米国のオリンパス子会社のチーフ・コンプライアンス・オフィサーであるジョン・スロウィク氏により，ニュージャージー連邦裁判所において，上記のQui Tam訴訟が提起されたことで事件化された。その結果，同氏は，連邦政府より44,102, 573ドル（日本円で約50億円）もの報奨金を受けた。

この件は，同氏がコンプライアンス部門のトップとして企業の機密情報を知りうる立場にありながらも告発を行い，結果として50億円もの多額の報奨金を受けたということにつき物議を醸したケースである。

(2) 自動車安全公益通報者法(Motor Vehicle Safety Whistleblower Act)

自動車安全公益通報者法（49 U.S.C. § 30172）は，タカタエアバッグの欠陥問題を受けて2015年12月に急遽制定された。通報者が連邦自動車安全法

18　このうち，連邦政府に支払われた民事制裁金の金額は267,288,323ドル。

に違反する事実について内部告発を行ない，当局の捜査に協力し，それによって当局が司法又は行政手続に基づき，違反者に対して100万ドルを超える金銭的制裁が科せられた場合，その10％～30％の報奨金が支払われる。

通報対象者は，自動車製造業者，部品供給者，又はディーラーの従業員である。その者が死亡又は重症につながる不合理な危険を生じさせる自動車関連の欠陥，不適合，通知・届出違反などを当局に通報することにより手続が始まる。

そして，100万ドルを超える金銭的制裁が科された場合，当局は，以下を判断して報奨金の支払を決定する。

① 通報者がまずは企業内で内部通報を行い，又は試みたか
② 提供した情報が重要なものであるか
③ 通報者が手続にどの程度協力したか
④ その他当局が関連すると認める事実

しかし，通報者本人がその通報事項に関して有罪になった場合，自発的にその通報事項を生じさせ若しくは著しく悪化させた場合，他の通報者が既知の情報を提出したにすぎない場合，又は当局が要求する形式で独自の情報を提供しない場合などには，報奨金の支払が認められない。

さらに，自動車製造業者，部品供給者又はディーラーにおいて報復禁止制度がある内部通報制度がある場合に，その通報者がその通報制度を使って通報しなかった場合には，報奨金が支払われない。

ただし，次の場合には，この事前通報の要件は不要となる。

① 通報者が，内部通報をすると報復されると合理的に信じる場合
② すでにその情報につき内部通報され，内部調査が開始され，若しくはその他の方法で使用者側の知るところとなっていると通報者が合理的に信じる場合
③ その他当局がこの要件を不要とする合理的な理由がある場合

これは，企業に対して報復禁止が徹底された内部通報制度を導入することを奨励すると同時に，報奨金制度とのバランスをとることで，当局への情報開示を促進して違反行為の早期発見と是正を図るものと言えよう。

コラム　タカタのエアバッグ事件での報奨金

2018年３月，タカタの元従業員３名は，当局に対して情報提供を行い，170万ドルの報奨金をシェアすることになった。

これらの通報者は米国連邦政府に対してタカタへの刑事訴追を行うことに有益な多大な協力と情報を提供した。その結果，タカタは米国司法省との間で10億ドルを支払うという和解をした。

本来であれば，報奨金はその10％から30％となるから，日本円で数百億円になったはずである。しかし，実際には上記通報制度が本件のために急遽法制化されたものの，それを運用する規則が制定されていなかったため，この報奨金制度は皮肉なことにこの件には適用されなかった。

ただ，タカタの破産手続において，裁判所が特別に配慮し，破産財団の中からその100分の１程度の170万ドルが捻出され，それを通報者３名で分けるという結果になった。

7　OSHAによる通報者保護

米国の労働衛生安全局（Occupational Safety and Health Administration又はOSHA）は，労働衛生安全，航空，消費財，環境，証券取引その他の多くの分野で，通報者を報復から保護する制度を設けている。すなわち，OSHAは，労働衛生安全以外にも20以上の法令に基づき，従業員が内部通報又は当局に対して公益通報を行ったことにより解雇，降格，賃金の減額，その他の不利益な取扱いを受けた場合，各法令で定める一定期間内（30日から180日まで）に救済の申立を受け付けている。

その申立の方法は，オンライン，ファックス，メール，郵便，電話，及び直接面談（OSHAの地方・地域事務所にて実施）が認められている。

それだけでなく，OSHAは，使用者側において，報復禁止を定める内部通報制度の構築につき法的拘束力のない指針を発表している。そこでは，①経営陣のコミットメント，②報復禁止への対応制度，③報復禁止のトレーニング，④コンプライアンス上の懸念への対応制度，及び⑤制度の監視という５つの視点から，制度構築のための枠組みを示している。

コラム　米国の個人情報保護法

米国では，日本の個人情報保護法又は欧州のGDPRのような統一的な個人情報保護法制が存在していない。しかし，各州，業種により個別に個人情報保護関連の法令が制定されていることがある。

その中で最も有名な法律は，カリフォルニア州消費者プライバシー法（2018年）（California Consumer Privacy Act of 2018，一般にCCPAと呼ばれる）である。日本企業であっても，カリフォルニアで事業を行う企業に関しては，日本の親会社の売上も含めて年間総収入が2500万ドルを超えている場合等において同法が適用される可能性がある。

しかし，この法律は，2018年３月にFacebookの利用者数千万人の個人データが悪用されたことを契機に制定された消費者関連の個人データを保護する法律である。すなわち，同法は事業目的で消費者の個人データの販売等を行うことに関して，消費者の利益を保護することを目的とするものである。したがって，たとえCCPAが日本企業に適用されるとしても，消費者の個人情報保護とは関係がないグローバル内部通報制度との関係では，CCPAの遵守を検討する必要はない。また，同法の改正として，2020年，California Privacy Rights Actが制定されたのが（施行は2023年），消費者関連のデータ保護規制であることは変わらない。

8　米国司法省の「企業コンプライアンス制度の評価」(Evaluation of Corporate Compliance Programs)（2020年６月改訂）

米国の海外腐敗行為防止法（Foreign Corrupt Practices Act又はFCPA），及び独禁法の訴追を行う米国司法省（Department of Justice）において，その罰金額などの執行内容を検討する際の判断要素として，企業が実効的なコンプライアンス制度を持っているかが重要になる。

贈賄事件などの不正が生じたこと自体が企業のコンプライアンス体制の脆弱性を推認させる場合もある。しかし，米国司法省は，それだけで企業の体制が不十分であったと結論づけるのではなく，企業が平時からコンプライアンス体制の充実を図ってきたにもかかわらず，一部の社員がそれを潜脱して不正を生じさせていたのか，企業文化又はコンプライアンス体制自体に重大な不備があったかを判断するとしている。

かかる評価を行う基準として，米国司法省は「企業コンプライアンス制度の評価」を発表し，特に企業の内部通報体制についてページを割いて詳細に言及しているので，参考にされたい（巻末資料３）。

コラム　弁護士秘匿特権の確保

弁護士秘匿特権は，弁護士・依頼者間の秘密性が確保されたコミュニケーションはディスカバリーの対象とはならないという英米法上の概念である。その前提として，英米法上は，事件との関連性がある全ての証拠を相手方の要求に応じて，原則，開示する必要がある（ディスカバリー)。これを突き詰めれば，弁護士が作成した意見書やアドバイスなどもディスカバリーの対象になり得るが，それでは弁護士・依頼者間のコミュニケーションに支障が生じるので，弁護士秘匿特権（Attorney-Client Privilege）という例外が認められた。

他方，日本を含む大陸法系の国ではそもそもディスカバリー制度がないから，弁護士秘匿特権という概念は存在しない（専門家としての弁護士の秘密保持義務は存在する)。

弁護士秘匿特権をグローバル内部通報制度との関連で考えると，まず，通報者から受領する内部通報は弁護士秘匿特権の対象とはならない場合が一般的である。したがって，たとえば，米国司法省などの当局から開示要請があると，開示せざるを得ないことを認識しておく必要がある。

他方，通報に対応として内部調査を実施する場合には，アップジョーン警告を行うなどして，通報者その他のインタビュー対象者から取得する情報につき，弁護士秘匿特権の対象にする必要がある。そうしなければ，当局の捜査，訴訟・仲裁等の法的手続が開始した場合に，インタビュー記録などを全て開示する必要が生じ，不利な結果を甘受せざるを得ない状況に陥ってしまう。

2　EU（GDPRの遵守）

グローバル内部通報制度を欧州で導入する際の最も大きなハードルの１つとして，EU域内[19]の個人データ保護を目的とする一般データ保護規則（General Data Protection Regulation，すなわちGDPR）が存在する。GDPRとは2018年５月に施行されたEU域内の個人データを保護するためのEUにおける統一的ルールである。

グローバル内部通報制度は不正に関する秘密性の高い個人情報を取り扱う制度である。したがって，①欧州拠点，②日本本社，及び③通報受付業者の３者において，GDPRを遵守する体制を構築する必要がある。

(1)　GDPRの適用範囲

GDPRの適用範囲は，①EU域内の子会社や支店等，②EU域内にいる個人に対して商品やサービスを提供している者，及び③EU域内の個人の行動を監視する者（たとえば，アプリやウェブサイトによる個人の行動履歴や購買履歴の追跡等）に対して適用される（GDPR第３条）。

したがって，日本企業のEU子会社，支店等に対してはGDPRが適用される（①）。他方，日本本社自体は，②又は③に該当する可能性は比較的低いので，直接，GDPRが適用される可能性は少ない。しかし，グローバル内部通報制度によって，欧州拠点から日本本社を含むグループ企業や通報受付会社に対して個人データが移転することになる。したがって，欧州拠点がControllerとしてGDPRにおける個人データを適正に管理する義務

19　アイスランド，リヒテンシュタイン及びノルウェーを含む。

があり，その義務の一部として，その情報の移転先であるグループ企業及び通報受付会社に対して，GDPRに従って個人データを適切に管理する義務を課す必要がある（GDPR第5条第2項）。

(2) Controller（管理者）とProcessor（処理者）

GDPR上，Controller（管理者）とは，個人データ処理の目的及び方法を自ら定める者を意味する。他方，Processor（処理者）とは，Controllerのために個人データを処理する者を意味する（GDPR第4条第7項及び第8項）。

この概念はGDPRを理解するうえで重要なポイントであるので，EU域内の拠点，日本本社及び通報受付業者がそのいずれに該当するかをまず検討する。

グローバル内部通報制度においては，EU域内の拠点（子会社，支店等）は，その事業に関してその役職員の個人データにつき，不正に関する情報を含めてその処理の目的及び方法を自ら処理する者となるので，管理者に該当する。

他方，日本本社は，グローバル内部通報制度をグローバル内部統制の一環として導入する立場にあり，EU域内の拠点の不正に関する個人データ処理の目的及び方法を定める者であるので，管理者に該当する。さらに，EU域内の拠点に委託されて各拠点の内部統制の一環としての内部通報制度を導入するという立場にもあるので，処理者にも該当する。その意味で，日本本社は管理者及び処理者の立場を併有すると解釈される。

また，通報受付業者は，日本本社又はEU域内の拠点から委託を受けて，不正に関する個人データ処理を受託する立場に該当するので，処理者の立場に立つ（日本本社が処理者の立場を持つことに着目するとSub-Processor

となる)。

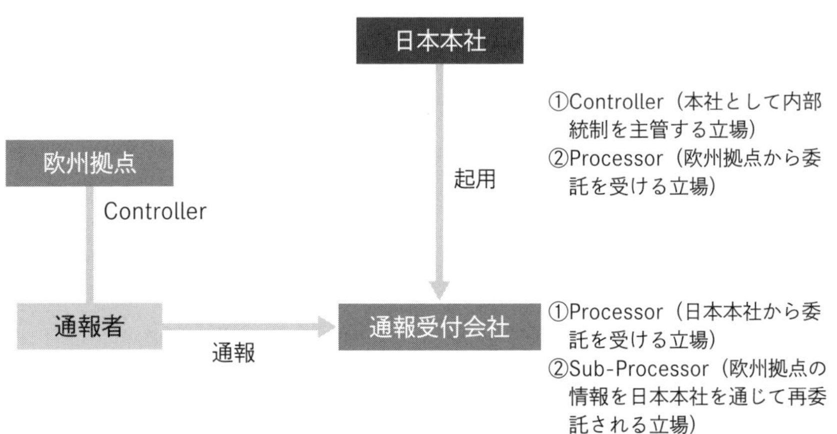

⑶ 越境移転の問題

GDPR上,個人データの越境移転を行うには,①移転先の国・地域が十分な個人データ保護を行っている場合であるか(adequate level of protection,すなわち十分性認定)(GDPR第45条),又は②Controller及びProcessor間で標準契約条項(Standard Contractual Clauses,すなわちSCC)を締結する等の対応が必要となる(同第46条)。

この点,日本は,2019年1月,GDPR第45条にしたがって,①の十分性認定を受けている。そのため,日本本社への個人データの越境移転に関しては,②のSCCなどの対策を行う必要がない。

しかし,通報受付会社がEU域外に存在する場合(たとえば米国),これらの国が十分性認定を受けていない場合が多いから,EU域内の拠点と通報受付会社との間で②のSCCを締結する必要がある。

ただ，EU域内の拠点数が多い場合には，EU域内の各拠点が通報受付会社との間でSCCを締結することは現実的ではない。そこで，日本本社がEU拠点を代理して通報受付会社との間でSCCを締結するなどの対応が必要である。

なお，米国に関しては，従前は，EU-US Privacy Shieldという特別な枠組みにより，米国への個人データを越境移転することが可能であった。しかし，2020年7月，欧州司法裁判所（the Court of Justice of the European Union）は，SCCの有効性を確認しつつも，EU-US Privacy Shieldの有効性を否定した（いわゆるSchrems II判決）。これは，EU-US Privacy Shieldに準拠して個人データを移転してきた企業にとって大きな衝撃であった。

そこで，欧州データ保護委員会（European Data Protection Board又はEDPB）は，同年10月，EUレベルの個人データ保護を確保するための越境移転につきガイドラインを発表した[20]。

これによれば，データをEU域外に輸出する者は，そのデータ移転を把握・管理し，どのような法的根拠に基づいて移転するかを確認し，その移転先国の法令を確認して，補完的な手段を経る必要があるかを検討し，それを実施する必要があるとされている。その移転の法的根拠として，最も一般的であるのはSCCであり，この有効性はSchrems II判決によっても確認されている。

したがって，いずれにしても，グローバル内部通報制度を制定するにあたり，通報受付会社の選定において米国等のEU外かつ十分性認定を受けていない国を拠点とする企業を選ぶ場合には，その企業との間でSCCを締

20　Recommendations 01/2020 on measures that supplement transfer tools to ensure compliance with the EU level of protection of personal data

結する必要がある。

他方，十分性認定を受けている日本やEU圏内の通報受付会社を選定し，かつ，グローバル内部通報制度によって得られる個人情報及びその後の不正調査により得られる個人情報を，日本本社，EU拠点以外の拠点と共有しない場合には，このSchrems II判決の影響を考慮する必要はない。

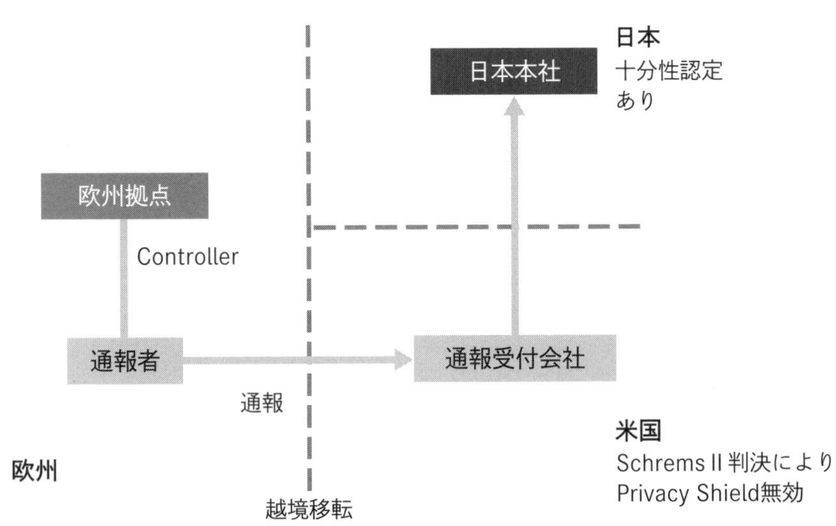

(4) 新SCCの公表

GDPR上，越境移転の正当化根拠の１つとしてSCCが列挙されているものの，長い間，GDPRに基づいたSCCは公表されず，GDPRが適用される2018年５月25日以前のEUにおける個人情報保護規制である「個人データ処理に係る個人の保護及び当該データの自由な移動に関する欧州議会及び理事会の指令」に基づいて発行された旧版のSCCを流用せざるを得ない状況が続いてきた。

しかし，ようやく，EUは，2021年６月４日，新たなSCCを発表するに至った。

その内容は従前のSCCと根本的に異なるものではない。しかし，従前のSCCは，①管理者間の移転，及び②管理者から処理者への移転の２種類が発行されていたが，新しいSCCは，１つの文書にまとめられ，かつ，以下の４つの移転類型から一定の条文を選択することができるようになった。

① 管理者間の移転
② 管理者から処理者への移転
③ 処理者から再処理者（Sub-processor）への移転
④ 処理者から管理者への移転

また，企業は旧版のSCCを2021年９月27日までに新規に締結することを止める必要があり，それまでに締結した旧版のSCCを2022年12月27日までに新版のSCCに変更することが要求されている。

⑸ IGDTA（Intra-Group Data Transfer Agreement）の締結

上記の通り，日本はGDPR上の十分性認定を受けており，EUから日本への個人情報の移転は，越境移転という観点からは，その十分性認定を根拠とすることが可能である。

しかし，上記の通り，EU拠点が管理者であり，日本本社が管理者兼処理者であることを前提とすれば，グローバル内部通報制度の実施にあたっては，少なくとも管理者・管理者間の情報移転，及び管理者・処理者間の個人情報の移転の問題が生じる。

この点，GDPR第28条では，管理者が処理者に情報処理を委託する場合，契約において，その処理の指示，秘密保持，安全保護措置，再委託の取決め，情報の削除・返還等を記載することが求められている。また，管理者間同士の情報移転であっても，管理者はGDPR遵守につき，説明責任を負うから（同第５条第２項），契約で同様の事項を合意する必要がある。

したがって，グローバル内部通報制度に基づいて，日本本社を中心とした企業グループ内で，通報内容及び不正調査で得られた個人情報のやりとりをする場合には，たとえ，越境移転の問題がなくとも，グループ内で円滑な情報共有を達成するために，Intra-Group Data Protection Agreement（IGDTA）を締結する必要が生じる。

もちろん，グループ間の情報共有はグローバル内部通報制度に限られないから，IGDTAをすでに一般的な個人データの共有（たとえば，人事情報）のために締結している場合には，その適用範囲をグローバル内部通報制度に拡大することで対応することが可能である。他方，IGDTAをまだ締結していない場合には，グローバル内部通報制度に加えて他の範疇の個人データも適用範囲に含めることで，GDPRのコンプライアンスを一挙に進めることも可能である。

また，2021年６月４日，EUは，越境移転の問題を伴わないEU圏内の管理者及び処理者間のSCCも発表している。これは，GDPR第28条第３項及び第４項により求められる管理者及び処理者間の契約条項として，同条第７項に基づき発表されたものである。しかし，これは越境移転の要素を排除したものである。

したがって，今後IGDTAを締結する際には，同日に発表された越境移転のためのSCCはEU圏内の移転をも適用対象とするSCCを利用して締結することが妥当である。

(6) Privacy Notice

(a) グローバル内部通報のためのPrivacy Noticeの必要性

上記(1)の通り，欧州拠点が個人データの管理者となるので，GDPR第13条及び第14条に従い，従業員に対してPrivacy Noticeを提供する必要がある。この点，日本の個人情報保護方針のように一般的なPrivacy Noticeを自社のホームページに掲載している企業が多いが，それではグローバル内部通報制度の運用としては不十分である。

グローバル内部通報制度を実施・導入するという目的のために，どの範囲の個人から（すなわち，グローバル内部通報制度を利用することができる役職員，退職者，取引先等），いかなるカテゴリーの情報を受領するか，第三国に移転するか，データ保有期間をどうするかなどを記載しなければならない。しかも，通報者及び被通報者への通知内容は自ずから異なってくるので，個別に準備するとともに，現地語に翻訳する必要も生じる。

(b) Privacy Noticeの具体的内容

通報者において，①実名通報を行う場合のように自らの個人情報を通報内容に含め，又は②被通報者その他の関係者の個人情報を通報内容に含めることが考えられる。

したがって，①GDPR第13条（本人から個人情報を取得する場合）に基づき，通報者本人に対してPrivacy Noticeを実施する必要があり，②同第14条（本人以外から個人情報を取得する場合）に基づき，被通報者その他の関係者に対してPrivacy Noticeを行う必要がある。

また，同第13条，第14条に基づいて，Privacy Noticeには以下を記載する必要がある。

①　管理者（日本本社及び現地拠点）の連絡先

② DPO（Data Protection Officer）の連絡先（選任されている場合）
③ 個人データの処理目的（すなわち，グローバル内部通報制度を導入してリスク管理を向上させること）
④ 個人データ処理の正当化根拠（legitimate interests）（すなわち，グローバル内部通報制度を導入して個人情報処理を行うことの正当性―同第6条第1項（f）参照）
⑤ 個人データの取得者
⑥ 個人情報の越境移転の場合には，日本が十分性認定を受けていることを，十分性認定を受けていないEU域外の国に情報を移転する場合にはSCCなどの締結によって対応すること等

さらに，①データ保有期間（通報記録は事件処理後，一定の期間内に削除する必要があるが，現実的には，関連する通報が数年後に行われることや，数年後に訴訟が提起されることもあるので，データ保有期間の記載には工夫が必要である），及び②個人情報の訂正権，削除権等の権利，当局への通報権などを記載する必要がある。

また，被通報者等に対しては，同第14条に基づいて，一定期間内にPrivacy Noticeを行う必要がある。原則として，同条においては，通報から1ヶ月以内にPrivacy Noticeを行う必要があるが（同条第3項（a）），それは不正調査の実効性を減殺する可能性があるので，不正調査の必要性に応じて，通報時期を調整することが可能である（同条第5項（b））。

⑺ DPIA（Data Protection Impact Assessment）

GDPR上，個人データ処理により個人の権利及び自由に高度のリスクを生じさせる可能性がある場合には，計画している個人データ処理につき，

個人データ保護への影響を分析する必要がある（同第35条）。これはDPIA（Data Protection Impact Assessment）と呼ばれる。

グローバル内部通報制度は，被通報者の機密性の高い個人データを取り扱うものであり，通報者の個人データは報復回避のために機密性が極めて高いものである。

しかも，「グローバル」内部通報制度である以上，日本本社が中心となって組織的かつ大規模に実施するものである。以上の観点から，グローバル内部通報制度を導入するにあたっては，GDPR上，DPIAを実施する必要がある。

その内容としては，グローバル内部通報制度の運用内容，目的，制度を導入するにあたっての正当な利益（legitimate interest），その目的に従った情報処理の必要性，程度の適切性（proportionality），個人の権利・自由に与えるリスクの分析，そのリスクに対応するための施策（安全保護措置等）を記載する必要がある。

また，DPIAを行うにあたっては，DPO（Data Protection Officer）の助言を求める必要がある（同条第２項）。したがって，欧州拠点のDPOの協力が不可欠となる。

⑻　ROP（Records of Processing Activities）

GDPR第30条により，管理者及び処理者は，その責任において，個人データの処理記録を作成することが義務づけられている。その記録としては，管理者・処理者の名称及び連絡先，処理の目的，処理する個人及び個人データのカテゴリー，及びデータ受領者のカテゴリーを記載する必要がある。この記録は書面で行う必要があるが，電磁的記録でも可能である。

また，当局の要請があれば，その記録を開示する必要がある。

グローバル内部通報制度を実施するにあたっては，起用する通報受付業者のシステムにこのような情報管理機能がある場合もある。ただ，内部通報を受け付けた後に実施する不正調査により得られた情報を子会社・関連会社と共有する場合にはそのような記録が残らない可能性があるので，その点は各企業にて構築する必要があるであろう。

コラム　トルコの個人情報と当局への届出

トルコは，2016年4月，個人情報保護法（No. 6698）（以下，「トルコ個人情報保護法」という）を制定し，はじめて個人情報保護に関する包括的な法律を持つこととなった。その構成は基本的にはGDPRと類似しているが，GDPRと大きく異なる点として，場所的な適用範囲が明記されておらず，トルコの個人情報を処理する場合には，事業者の所在地を問わず，適用される可能性があるという点である。この点，GDPRにおいては，上記の通り，EU域内の拠点の他，EU域内にいる個人に対して商品やサービスを提供している者，及びEU域内の個人の行動を監視する者が適用範囲になることが明らかにされているが，トルコ個人情報保護法にはそのような限定がない。

特に問題であるのは，同法に基づき，「VERBIS」と呼ばれる登録制度が設けられている点である。この制度上，①トルコ国内のデータ管理者については従業員50名以上又は純資産25百万トルコリラ以上，②トルコ国外のデータ管理者についてはそのような限定がなく，登録が義務づけられている。

その観点から，グローバル内部通報制度を実施するにあたり，日本本社がデータ管理者に該当してしまうことになり，トルコの拠点の規模にかかわらずVERBIS登録が必要となる。このVERBIS登録は処理する個人データの内容，データ処理の目的，セキュリティの方法，保存期間などの詳細な事項を申請する必要があるから，日本本社においてこの要件を満たすことは実際上，困難である。そのため，現地拠点において日本本社のために登録するなどの現実的な対応が必要となる場合もある。

3　中　国

1　はじめに

2021年11月１日，中華人民共和国個人情報保護法（以下，この章において「個人情報保護法」という）が施行された。また，同年９月１日，中華人民共和国数拠安全法（いわゆる，データセキュリティ法）が施行された。

同法は，中国国内で収集・生成した重要データの越境移転の管理についての重要情報インフラの運営者の義務等を規定している。加えて，2021年１月１日に施行された民法においても個人情報に関する個人の権利保護が明確に規定されている。

また，2017年６月１日から施行されている中華人民共和国網絡安全法（いわゆる，サイバーセキュリティ法）も，重要情報インフラ運営者等に義務を課している。

以下，中国個人情報保護法を中心に，中国拠点にグローバル内部通報制度を導入する日本企業において実施すべき事項について概説する。

2　個人情報保護法

⑴　域外適用

個人情報保護法第３条によれば，同法は，中国国内で自然人の個人情報を処理する活動に適用されることが原則である。

しかし，同条第２項により，中国国内の自然人に対して製品又は役務の提供を目的とする場合，中国国内の自然人の分析・評価を行う場合，その他法令に別途の定めがある場合に，中国国内の自然人に関する中国国外の個人情報の処理に関しても同法が適用される。

したがって，グローバル内部通報制度を中国拠点に導入する場合，同法が中国拠点自体に適用されることは当然として，同条第２項が広く解釈されると，グローバル内部通報制度を運用する日本本社についても，中国国内の役職員の行動に関して分析又は評価を行うものと解され，日本本社に同法が適用される可能性がある。

⑵　個人情報処理者

GDPRでは，controller（管理者）及びprocessor（処理者）の概念が区別されているが，個人情報保護法上，これらの概念の区別はなく，個人情報を処理する者が「個人情報処理者」に該当し，同法の適用対象となる（同法第73条第１号）。

⑶　個人情報保護に関する告知（Privacy Notice）

個人情報保護法第17条により，個人情報処理者は，個人情報を処理する前に，以下の事項を，明確に本人に通知することが求められる。

① 個人情報処理者の名称，連絡先
② 個人情報の処理の目的，処理の方法，処理される個人情報の種類，保存期間
③ 個人情報保護法に基づく権利を行使するための方法及び手続等

これは，日本の個人情報保護法上の個人情報保護方針，GDPR上の

Privacy Noticeに該当するものである。

グローバル内部通報制度を中国拠点に導入する場合，これに基づき，現地拠点において，この告知を行う必要がある。その求められる記載内容はGDPRのPrivacy Noticeと類似する。

なお，この告知に関しては，他の関連法令にも同様の定めがあるが，それぞれ個別の法令に基づき告知する必要はなく，一つの告知で足りる。

すなわち，「サイバーセキュリティ法」第41条第１項は，

「ネットワーク運営者は，個人情報を収集，使用するにあたり，適法，正当及び必要の原則を遵守し，収集及び使用の規則を公開し，情報収集及び使用の目的，方法及び範囲を明示し，なおかつ提供者の同意を得なければならない」

と規定している。

さらに，「推薦性国家標準」（すなわち，ガイドライン）である「情報安全技術　個人情報安全規範」第5.4条ａ）によると，個人情報を収集する前に，個人情報主体に対して個人情報の収集・使用の目的，方法及び範囲等の規則を告知し，かつ，個人情報主体の授権同意を得なければならないとされている。

⑷　個人からの同意取得

個人情報保護法第21条に基づき，個人情報処理者は，個人情報の取扱いを第三者に委託する場合に，本人の同意を取得しなければならない。また，個人情報保護法第39条に基づき，個人情報を国外移転する場合には，海外の受取人の名称，連絡先，処理目的，処理方法，個人情報の種類，及び本人が海外の受取人との間で同法に定める権利を行使するための方法予備手続を本人に通知し，本人の特別の同意を得ることが求められる。

したがって，グローバル内部通報制度を導入するにおいて，同法に基づき，中国拠点の役職員から同意を取得することは不可欠ということになる。これは，日本の個人情報保護法又はGDPRよりも厳格な要件であるといわざるを得ない。

この手続を迅速かつ効率的に行うためには，グローバル内部通報制度により取得する個人情報に限らず中国拠点の人事情報を日本本社と共有すること等に鑑み，同法に基づいて要請される同意を一度の機会に取得することが考えられる。また，海外への情報移転に対して理由なく拒否反応を示す現地従業員も存在するので，情報の安全管理の方法及び処理目的などを丁寧に説明する必要がある。特に，工場を運営する中国拠点などのように，従業員数が多い拠点などでは，100％の同意を得ることができない場合もあるので，同意しない従業員への対応を検討する必要がある。

なお，参考までに，民法典第1038条第１項においても，個人の同意を得ずに，他人に対して個人情報を違法に提供してはならないとされている。

また，「個人情報安全規範」第9.2条のｂ）及びｃ）によると，個人情報支配者が個人情報を第三者に共有・譲渡する場合に，個人の事前授権同意を得なければならず，個人センシティブ情報を第三者に共有・譲渡する場合に，本人から事前に明示的同意を得なければならないとされている。

⑸　個人情報の国外移転

本人からの個別同意の他，個人情報保護法は第38条において，①同法第40条の規定に基づく国家ネットワーク通信部門による安全評価に合格した場合，②国家ネットワーク通信部門の規定に基づく専門機構による個人情報保護の認証を得ている場合，③国外の移転先との間で同部門が制定した標準契約書を締結した場合等のいずれかの条件を満たす場合に，個人情報の国外移転を認めている。

日本企業において，①中国当局の安全性評価を得，又は②個人情報保護の認証を得ることは事実上困難であると考えられるから，③の標準契約書の締結が最も現実的な方法であると考えられる。しかし，本稿作成時において，まだ③の標準契約書のひな形は発表されていない。そこで，この標準契約書のひな形が発表されるまでは，GDPRのSCCを代用することが考えられる。

これにより，同条の要件を完全に満たすことは困難であるが，個人情報保護法の内容自体がGDPRにかなり強い影響を受けたものと考えられるので，標準契約書はSCCと類似するものと予想される。

したがって，GDPRのSCCを代用することで事実上，同条の趣旨を遵守し，違法性の程度を緩和することが可能であると考える。

⑹ その他の義務

個人情報処理者は，同法に基づき要求される個人情報保護のための内部統制システムを実施し，暗号化等の安全管理措置を導入し，漏洩等の場合に備えてコンティンジェンシー・プランを策定することが求められる（同法第51条）。

また，一定量以上の個人情報を取り扱う個人情報処理者は，個人情報担当者を指名して，個人情報処理の活動及び保護措置を監督する責任を負う（同法第52条—GDPR上のData Protection Officer（DPO）に該当する）。なお，同法第53条第２項に基づき同法が直接適用される海外の個人情報処理者は，中国国内に代表者を指名するなどの対応が必要となる。

また，個人情報処理者は定期的に個人情報保護法の遵守を確認するため，定期的にコンプライアンス監査を実施する必要がある（同法第54条）。

加えて，個人情報処理者は，国外に個人情報を移転する場合等に，事前に個人情報保護への影響について評価を行い，記録する必要がある（同法第55条）。これは，GDPR上のData Protection Impact Assessment（DPIA）と共通する義務である。したがって，GDPRの遵守のために作成した書式を用いてこれを実施することが可能である。

さらに，情報漏洩などが生じた場合（data breach）には，改善措置を行い，当局（個人情報保護職責部門）及び本人に通知し，権利保護を図ることが求められる（第56条）。

⑺　違反の場合の刑事責任

個人情報保護法第66条によれば，同法の違反の場合，是正勧告，警告，不正な収入を没収，違法に個人情報を処理したプログラムのサービス停止，是正を拒否した場合は併せて100万元以下の罰金を科している。さらに，直接の主幹者及びその他の直接の責任者は，１万元以上10万元以下の罰金に処するとされている。

さらに，「情状が重い場合には」，是正を命じ，違法所得を没収し，5000万元以下又は前年の売上高の５％以下の罰金を科し，関連事業の停止または事業是正の停止を命じ，関連主管部門に通知して関連事業許可を取り消し，又は事業許可を取り消すことができるとされている。また，担当者及びその他の直接責任者は，10万元以上100万元以下の罰金を科すなどとされている。

3　重要情報インフラ運営者に課される義務

重要情報インフラ運営者及び「取り扱う個人情報が国家ネットワーク通信部門の規定する数量に達した個人情報取扱者」のみに対し，中国国内での運営において収集及び発生した個人情報及び重要データを，原則，中国国内で保存しなければならないと定められている。

この点につき，各関連法では以下の定めがある。

- 「サイバーセキュリティ法」第37条は，「重要情報インフラ運営者は，中華人民共和国国内での運営において収集及び発生した個人情報及び重要データを，中華人民共和国国内で保存しなければならない。業務の必要により，確かに国外に提供する必要がある場合は，国家網信部門が国務院の関係部門と共に制定した規則に従って安全評価を行わなければならない。法律，行政法規に別途規定がある場合は，それに従う。」と規定している。
- 「データセキュリティ法」第31条は，「重要情報インフラ運営者が中華人民共和国国内での運営において収集及び発生した重要データの国外移転安全管理については，『サイバーセキュリティ法』の規定を適用する。その他データ取扱者が中華人民共和国国内での運営において収集及び発生した重要データの国外移転安全管理規則については，国家インターネット通信部門が国務院の関係部門と共に制定する。」と規定している。
- 個人情報保護法第40条は，「重要情報インフラ運営者及び取扱う個人情報が国家網信部門の規定する数量に達した個人情報取扱者は，中華人民共和国国内で収集及び発生した個人情報を国内で保存しなければならない。たしかに国外に提供する必要がある場合には，国家インターネット通信部門による安全評価に合格しなければならない。法律，行政法規及び国家インターネット通信部門が安全評価を行わなくて良いと規定する場合には，その規定に従う。」と規定している。

以上の通り，重要情報インフラ運営者及び「取り扱う個人情報が国家インターネット通信部門の規定する数量に達した個人情報取扱者」は，原則，その運営において収集及び発生した個人情報及び重要データについて国内で保存することが求められている。

もっとも，日本企業の中国拠点においては，この定義に該当する場合は少ないと考えられる。まず，重要情報インフラの定義について，サイバーセキュリティ法第31条は，「国は，公共通信及び情報サービス，エネルギー，交通，水利，金融，公共サービス，電子行政サービス等の重要業界及び分野，並びに一旦機能の破壊若しくは喪失又はデータ漏洩に遭遇すると，国の安全，国の経済，人民の生活及び公共の利益に重大な危害を及ぼす恐れがある重要情報インフラについて，ネットワークの安全ランク保護制度に基づき，重点的な保護を実施する。重要情報インフラの具体的範囲及び安全保護弁法については，国務院がこれを制定する。」と規定している。

さらに，「重要情報インフラ安全保護条例（パブリックコメント募集稿）」第18条において，重要情報インフラ運営者について次の通り規定され，さらに明確にされている。

「下記の単位が運営・管理する，一旦機能が破壊され，若しくは喪失され，又はデータが漏洩すると，国の安全，国の経済，人民の生活，公共の利益を著しく損なう可能性のあるネットワーク施設及び情報システムは，重要情報インフラの保護範囲に入れなければならない。

（一）政府機関並びにエネルギー，金融，交通，水利，衛生医療，教育，社会保険，環境保護及び公共事業等の業種分野の単位

（二）電気通信ネットワーク，ラジオ・テレビネットワーク及びイン

ターネット等の情報ネットワーク並びにクラウドコンピューティング，ビッグデータ，その他の大型公共情報ネットワークサービスを提供する単位

（三）国防科学工業，大型装備，化学工業，食品薬品等の業種分野の科学研究生産単位

（四）ラジオ局，テレビ局，通信社等のニュース単位

（五）その他の重点単位」

また，個人情報の「国家網信部門の規定する数量」については，本稿作成時では明確な定義が規定されていないが，「個人情報及び重要データの国外移転安全評価弁法（パブリックコメント募集稿）」第９条によると，50万人以上の個人情報やデータ量が1000GBを超えるものを国外移転するにあたって安全評価が必要とされていることから，少なくとも，「国家網信部門の規定する数量」についても，前記基準に達する必要があると予想される。

したがって，日本企業の中国製造・販売拠点がこれに該当する可能性は低いものと考えられる。

4　労働法上の要件

労働契約法第４条第２項によれば，「使用者が労働報酬，勤務時間，休憩・休暇，労働安全衛生，保険福利，従業員研修，労働紀律及び労働ノルマ管理等についての労働者の密接な利益に直接関わる規則制度又は重要事項を制定，改正又は決定する場合は，従業員代表大会又は従業員全体で討議し，方案及び意見を提出し，労働組合又は従業員代表と平等な協議を経て確定しなければならない。」とされている。

グローバル内部通報制度がこの「労働者の密接な利益に直接関わる規則制度」であるかは見解が分かれる点であるが，それに該当すると考える場合には，従業員から上記の同意を得る前に，労働組合又は従業員代表と協議してその内容を確定する必要がある。

4 ドイツ（ワークス・カウンシル）

グローバル内部通報制度をドイツの拠点に導入する場合，ワークス・カウンシルの同意（共同決定）が必要となる。ワークス・カウンシル制度はEU圏では一般的な制度であり，ドイツの他，フランス，オランダ等においても協議は必要である（同意は不要）。そこで，以下の通り，ドイツのワークス・カウンシル制度を概観する。

1 概　要

ドイツの事業所組織法（Works Constitution Act : Betriebsverfassungs gesetz, BetrVG）に基づくWorks Council（以下，「ワークス・カウンシル」という）とは，労働者の意見を企業の意思決定に反映させることを目的として創設された，労働者のみで構成される組織をいう。日本語訳では，「労使協議会」，「従業員代表委員会」などと訳される。

ワークス・カウンシルは基本的に事業所ごとに設置され，使用者は，その事業所内における解雇，合併，事業譲渡，従業員の労働条件の変更など行う場合，ワークス・カウンシルにその詳細な情報を提供したうえで，協議することが必要となる。

なお，同じく労働者で組織される団体として労働組合があるが，次項の通り，ワークス・カウンシルは，労働組合とは別個の独立した組織である。ドイツにおいては，産業別に企業横断的に組織された産業別労働組合が一般的であり，事業所単位での労働者側の意見を反映させる手段であるワークス・カウンシルとの間で役割の分担がなされている。

両者の関係については，労働組合がワークス・カウンシルよりも優位に位置づけられている。このことから，ワークス・カウンシルは，賃金等の重要な労働条件に関し，労働組合が企業との間で妥結した労働協約の範囲内でのみ，事業所ごとに労働条件を決めることができるものとされている。また，労働組合が労働争議（ストライキ）の権利が与えられているのに対し，ワークス・カウンシルは使用者との相互協力関係を前提とした組織であることから，紛争解決の手段としての労働争議が禁止されている。

また，同様の観点から，ワークス・カウンシルの運営費用は全て使用者が負担するものとされている（従業員に費用を負担させることは法律上禁止されている）。

もっとも，実務上，ワークス・カウンシルの委員を務めている労働者は，その大多数が産別労働組合の組合員であって，ワークス・カウンシルは，企業内組合支部のような役割を果たしていることも多いと言われている。

2　設置義務・人数等

18歳以上の従業員を５名以上雇用し，そのうち３名が６カ月以上勤務しているドイツの民間企業の従業員は，ワークス・カウンシルの委員を選出することができるものとされている。法律上，あくまで従業員にワークス・カウンシルの委員選出の権利を付与しているだけで，従業員から要望がない場合，企業にはワークス・カウンシルを設置する義務はない。しかし，多くの日本企業のドイツ拠点においてワークス・カウンシルが存在するので，グローバル内部通報制度を導入する場合にはこの存在を確認する必要がある。

ワークス・カウンシルの人数は法定されており，従業員数に応じて増加する。なお，従業員が200名を超える事業所においては，労働義務を完全に免除される専従委員の設置が必要となる。

3　ワークス・カウンシルの役割（共同決定権）

ワークス・カウンシルは，事業所における従業員の利益を代表して，経営陣への要求や行動を促し，雇用の確保，職場での安全性向上及び業務環境の改善等に向けた働きかけを行うことをその役割とする。そして，労使間の緊密なコミュニケーションを通じ，労使間での共同決定，紛争解決を目指す。

この役割を果たすため，ワークス・カウンシルは，次の事項に関して共同決定権（使用者は，ワークス・カウンシルと交渉し，原則として同意を得なければならない）を有する。

① 人事に関する事項（採用，解雇，配置転換，賃金レベル，求人，研修，人員計画，人事考課等）
② 労働条件に関する事項（始業時刻・終業時刻の決定，休暇に関する社内規則，給与体系の変更等）
③ 重大な事業運営上の変更事項

もっとも，使用者には，ワークス・カウンシルの同意が得られなかった場合に備え，労働裁判所の許可を求める，又は調停委員会（労使同数の委員＋双方が任命に同意する又は労働裁判所が任命する議長）の決定を求めるなどの代替制度が用意されている。

この点，グローバル内部通報制度は，上記③の重大な事業運営上の変更に該当するものとして，ワークス・カウンシルが共同決定権を有する事項と解されている。このため，ドイツに事業所を有するグローバル企業においては，グローバル内部通報制度を構築する場合，現地のワークス・カウンシルと協議して共同決定を行うことが必須となる。

ドイツ以外の欧州各国のWorks Councilとの協議・共同決定の要件

国名	要件
オーストリア	内部通報制度は個人の尊厳に影響する制度と考えられるため，Works Councilとの合意が必要である。
フランス	Works Councilに事前に通知して協議し，意見を受領することが必要である。但し，Works Councilの意見には拘束力がなく，通報制度導入に反対する意見であったとしても導入は可能である。
イタリア	Works Council，労働者代表との別段の合意がない限り，協議などは要求されていない。
スイス	Works Council，労働者代表との別段の合意がない限り，協議などは要求されていない。
オランダ	Works Councilが設置されている場合，Works Councilの事前同意が必要である。
ベルギー	内部通報制度の導入についてWorks Councilとの協議は必要であるが合意は不要である。
フィンランド	事業所内協力法に基づき，内部通報制度の導入につきWorks Councilとの協議は必要であるが同意は不要である。
ギリシャ	Works Council，従業員代表等との協議などは要求されていない。

スペイン	Works Councilの同意は必要ないが，法の合理的解釈から，事前協議を行うことが推奨される。
ポルトガル	Works Council，従業員代表との協議義務はあるが，承認までは要求されていない。
ハンガリー	Works Council，従業員代表との協議義務はあるが，承認までは要求されていない。
イギリス	Works Council，労働者代表との別段の合意がない限り，協議などは要求されていない。
アイルランド	Works Council，労働者代表との別段の合意がない限り，協議などは要求されていない。

5　イギリス

1　PIDAの概要

イギリスでは，公益通報者保護に関する包括的な法律としてPublic Interest Disclosure Act 1998（PIDA）が制定されている。これは，日本の公益通報者保護法のモデルとなった法律である。

保護される通報者の範囲は，employee（労働者）ではなくworker（役務提供者）とされており，雇用契約により役務を提供する労働者のみならず，それ以外の契約に基づいて労働し又は役務を提供する者を含む。派遣労働者等も含まれる。

また，通報対象事実の範囲として，犯罪，法令違反，裁判の誤謬，健康・安全，環境破壊，隠蔽行為などが広く含まれている。

2　通報者の保護要件

通報者を保護する要件として，事業者自体又は法令違反等につき責任を負う者の内部通報の場合，通報者が「good faith」（誠実さ）をもって通報すれば保護の対象となる。

しかし，監督官庁への通報を行う場合には，通報者において，その通報内容が実質的に事実であると合理的に信じていることが要件として加重されている。

その他の場合（たとえば，マスコミへの公表），それに加えて，①通報が個人的利益を求めるものではなく，かつ，②通報者において，使用者に通報すれば不利益を被り，もしくは証拠隠滅が行われると合理的に信じており，又は使用者に対して既に通報を行ったことなどの要件を満たすことが必要とされている。

3　通報者保護の内容

かかる要件を満たした通報の場合，通報により解雇その他の不利益を受けないとされ，かかる不利益を受けた場合には，雇用審判所（Employment Tribunals）に対して不服を申し立てることが認められている。

ただ，PIDA法において，通報者を特定する情報に関する守秘義務は規定されておらず，かかる情報はData Protection Act 2018（2018年データ保護法）という一般的な個人情報保護法により守られることになる。

4　グローバル内部通報制度との関係

PIDA法には，事業者に対して通報受付体制の整備に関する義務を課す条文はない。したがって，実務上，グローバル内部通報制度を導入する場合，同法に基づいて特別の対応をする必要はなく，日本の公益通報者保護法又はEU指令に準拠した体制を構築することで対応可能である。

6　フランス

1　Sapin II法の概要

フランスには公益通報者保護法として「The law n° 2016-1691 of 9 December 2016 on transparency, the fight against corruption, the modernization of the economy（the Sapin Ⅱ Law）」「透明性，腐敗の防止並びに経済生活の近代化に関する2016年12月９日付法律2016-1691」（以下「Sapin Ⅱ法」という）が存在する[21]。

同法により保護される通報の範囲は，犯罪，国際条約違反，フランス法令の重大かつ著しい違反，及び公益の脅威又は重大な侵害等に関する通報である。

Sapin Ⅱ法において，通報者に対する報復への救済として，立証責任の転換が定められている。すなわち，通報者が不利益取扱いを受けた場合，使用者において通報と不利益取扱いとの間に因果関係が存在しないことを立証する義務を負う。

さらに，同法に基づき，通報を受け付けた者は，その収集した情報につき厳格な守秘義務を負い，その義務に違反した場合，禁固２年及び罰金３万ユーロの刑事罰が科せられる。

21　本書執筆時点において，フランスではEU指令に基づく国内法は制定されていない。しかし，Sapin Ⅱ法は公益通報者保護法制として先進的な法制であり，EU指令よりも手厚い通報者保護を定めている部分が多い。そのため，フランスではEU指令を「最低限の基準」と捉えて，Sapin Ⅱ法の手厚い通報者保護を残すとともに，さらにEU指令に従って制度を改善することを目指し，法改正の議論が進められている。

2　3段階の通報

同法の特徴として，通報者は以下の通り３段階で通報を行うことが要求されている（重大な損害の発生が差し迫っている場合，又は回復困難な損害の危険がある場合を除く）。

第１段階：内部通報
通報者は上司又は通報担当窓口へ通報することが求められる。

第２段階：政府機関，業界団体への通報
第１段階の内部通報を行ったが合理的期間内に通報の取扱いについて回答等が得られなかった場合に政府機関，業界団体への外部通報が認められる

第３段階：公表
第２段階の外部通報を行ったが３カ月以内にその取扱いについて回答が得られなかった場合，通報者は通報内容を公表することができる。

3　内部通報制度の整備義務

同法第８条に基づき，従業員が50人以上の企業は，同法が定める内部通報制度を整備する義務を負う。ただし，この義務違反に対して罰則はない。

他方，同法第17条に基づき，従業員数が500名を超え，かつ売上高又は連結売上高が１億ユーロを超えるフランス企業に対して汚職防止措置の導入が義務づけられており，その一環として内部通報制度の整備が義務づけ

られている。この義務に違反した場合，フランス汚職防止機構（Agence francaise anticorruption）により警告，勧告がなされ，それに従わない場合，法人に対しては最大100万ユーロの罰金が科せられる。

4　グローバル内部通報制度との関係

日本本社を主体とするグローバル内部通報制度をフランス拠点に導入することと，SapinⅡ法に基づく内部通報制度の関係が問題となる。この点，同法はグローバル内部通報制度の導入を禁止するものではないが，フランス拠点における同制度の運用においては同法を遵守する必要があるものと考える。

実務上，特に重要であるのは，上記の通り通報に関する情報の厳格な秘密保持義務が課せられていることから，現地担当者等と情報を共有する場合には秘密保持契約を締結する必要がある。

また，上記２の３段階の通報制度に鑑み，通報者による不必要な外部通報を避けるべく，通報を受け付けた際は遅くとも数日内に通報者に対して受領通知を送り，調査対応の概要についてフィードバックを行うことが求められる。

7　イタリア（Law 231）

1　Law 231のSupervisory Bodyへの通報義務

グローバル内部通報制度を導入する場合，海外拠点の役職員の不正に関する情報が日本本社において設置した窓口に通報されるが，これがイタリアのLaw 231と呼ばれる内部統制制度と対立する可能性があるので，その調整が必要となる。

Law 231は，企業がそれに基づく内部統制制度を導入することで，企業の組織犯罪の免責が認められるという制度である。その制度の一内容として，Law 231の対象犯罪につき，コンプライアンス・プログラム（Law 231モデル）に基づいて設置された監督機関（Supervisory Body）に通報することが求められる。

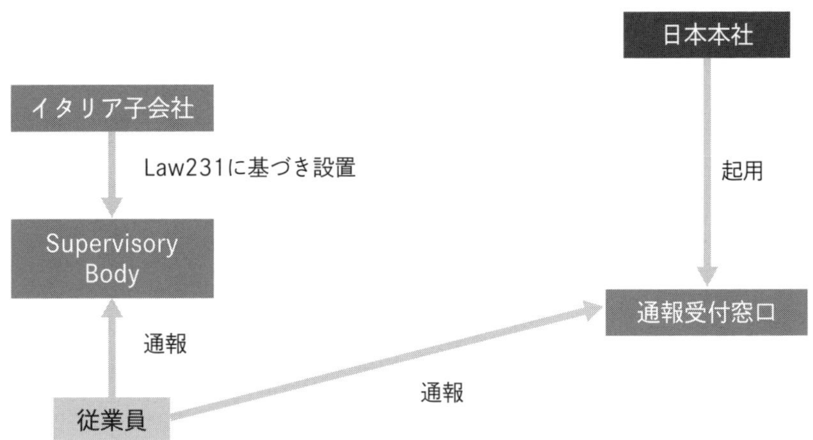

したがって，イタリアに子会社を有する多国籍企業がグローバル内部通報制度を導入する場合，Supervisory Bodyへの通報（Law 231に基づく通報）と，日本本社の通報窓口への通報（グローバル内部通報制度に基づく通報）との間で一定の調整をしなければならない。

2　調整の方法

この点，グローバル内部通報制度をイタリア子会社にも適用しつつ，Law 231も遵守するためには，以下のいずれかの解決方法が考えられる。

① 日本本社のグローバル内部通報窓口の担当者をSupervisory Bodyの委員として選任する。
② Law231の対象犯罪に関する通報があった場合，日本本社のグローバル内部通報窓口の担当者は，それをSupervisory Bodyに報告する（又はSupervisory Bodyの委員に通報システムへのアクセス権を付与する）。
③ Supervisory Bodyに対して通報があった場合，全ての通報を日本本社のグローバル内部通報窓口へ報告するように求める。他方，Law231の対象犯罪に関する通報があった場合，日本本社のグローバル内部通報窓口の担当者は，それをSupervisory Bodyに報告する（又はSupervisory Bodyの委員に通報システムへのアクセス権を付与する）。

3　イタリアLaw 231の概要

⑴　沿　革

イタリアでは，伝統的なローマ法の下，「societas delinquere non potest」（法人は犯罪をすることができない）という原則が長年確立されていた[22]。

しかし，1997年に署名された国際商取引における外国公務員の贈収賄防止に関するOECD条約（OECD Anti-Bribery Convention）の要件に適合するため，2001年6月8日，イタリア政府は「LEGISLATIVE DECREE No. 231/2001」（すなわち，「Law 231」という）を制定し，イタリアで初めて特定の犯罪に関する企業の責任を規定した[23]。

Law 231は，取締役，経営陣，従業員，その他エージェント等によって，企業の利益のために行われた特定の犯罪に関する企業の直接責任を規定している。一方，企業に対し，「Law 231モデル」と呼ばれるコーポレートガバナンス体制・リスク防止体制の整備を求め，これらの体制を整備することによって，企業が免責される場合があることも規定している。

⑵　Law 231の対象犯罪

2001年の制定以降，イタリア政府はLaw 231の適用がある対象犯罪のリ

22　イタリア憲法においても，刑事責任は個人の責任である旨規定されている。

23　企業の刑事責任とするとイタリア憲法と齟齬が生じることから，法文上は，行政責任として規定されている。しかし，刑事裁判官が判断するものとされているなど，事実上の刑事責任である。

ストを拡大してきた。そのうち，主な対象犯罪は次のとおりである。

- 行政に対する犯罪（例：公的資金の不当な受領，国家または公的機関の利益を損なう詐欺，恐喝及び贈収賄[24]）
- IT関連犯罪
- 会社法違反に関する犯罪（corporate crimes）
- 市場における不正行為（インサイダー取引等）（market abuse）
- 個人に対する犯罪（例：職場の安全衛生法に違反して生じた過失致死又は重篤な人身事故等）
- マネーロンダリング
- 商業・産業に対する犯罪（crimes against trade and industry）
- 著作権侵害

⑶　企業の免責要件

Law 231では，会社が次の事項を証明した場合，会社の責任を免責することができることを規定している。

①　犯罪行為を行った個人が，会社の利益ではなく，自らの利益又は第三者の利益のためのみに行動したこと
②　会社が，効果的かつ具体的な内部コンプライアンス措置を講じていたこと

24　贈収賄の対象となる公務員については，イタリア法上，公務員の定義は，公的な立場で行動する者だけでなく，公共サービスの提供を担当する者も含まれる。このような「公務員」の広範な定義により，Law 231の適用範囲は非常に広いものとなっている。

②については，会社は，犯罪が発生する前に，会社の特性に合わせた適切なコンプライアンス・プログラム（すなわち「Law 231モデル」）を実施し，独立した主導権と監査権を適切に付与された監督機関（すなわち「Supervisory Body」）を設置することにより，犯罪を未然に防止する目的で効果的な内部統制システムを構築・実施していたことを証明する必要がある。

また，一般的に，取締役や経営陣のトップが犯罪を行った場合には，会社が無罪を証明することは困難である。この場合，会社は，その犯罪が行われた時点で適切なコンプライアンス・プログラム（Law 231モデル）が実施されていたことを証明するだけでなく，犯罪を行った個人が内部統制システムを意図的に不正に潜脱して行動したことをも証明しなければならない。

⑷ Law 231の罰則

Law 231に基づく会社に対する罰則は，以下の通りである。これらは重複して適用される可能性がある。

① 150万ユーロ以下の罰金（複数の犯罪の場合は450万ユーロ以下の罰金）
② 犯罪によって得られた利益の追徴
③ 裁判所による決定の公表
④ 資格停止処分（いわゆるブラックリスト化）

④の資格停止処分には，(i)事業の一部又は全部の遂行資格の剥奪，(ii)犯罪が行われた時点で有効であった認可，許可，ライセンス，免許の停止又

は取消し，(iii)行政との交渉の禁止，(iv)給付，融資，寄付金の排除（既に付与されている権利の取消しを含む），(v)会社が提供する商品又はサービスの広告の禁止などが含まれる。これらの措置は，罰金以上に会社に対して相当大きな影響を与える可能性がある。

(5)　コンプライアンス・プログラム（Law 231モデル）

コンプライアンス・プログラム（Law 231モデル）に関し，Law 231はプログラムの構造や内容の詳細を明示してはいない。しかし，これまでのイタリア裁判所の判断等から，実務上，次のプログラムを含むべきものと解されている。

① 従業員等が犯罪を行う可能性が高い領域の特定（リスク分析）
② リスクのある企業活動に関して適切な手続の確立（すなわち，会社の事業に応じて，ジョイントベンチャー，エージェント及びコンサル契約，企業買収及び売却，スポンサーシップ，贈答品，慈善及び政治献金等に関する手続など）
③ 独立した監督機関（Supervisory Body）による上記手続に関する内部統制及び監督システムの確立
④ コンプライアンス・プログラムを継続的に実施するシステムの確立
⑤ 最も安全な財源管理方法の特定
⑥ コンプライアンス・プログラムをすべての従業員等に義務づけ，リスク領域で業務を行う担当者に対して研修を実施すること
⑦ 監督機関（Supervisory Body）への報告義務を規定すること
⑧ コンプライアンス違反に対する懲戒制度の導入

コラム　ロシア拠点へのグローバル内部通報制度の導入

ロシアは，グローバル内部通報制度の導入において，最も難易度の高い国の１つである。その理由の１つとして，ロシアでは，その個人情報保護規制により，ロシア国内でのデータ保管義務（データ・ローカライゼーション）の義務が課せられているため，ロシア拠点の従業員らが日本本社において世界各国の全ての拠点のために起用する通報受付会社（以下，「統一的通報受付会社」という）に対して直接，個人情報を含む通報内容を送ることがその義務に違反するためである。この問題を解決するためには，ロシア国内の通報受付会社を起用したうえで，その在ロシア通報受付会社が一次的に通報を受け付け，その後に統一的な通報窓口に通報内容をアップロードするという対応をとる必要がある。

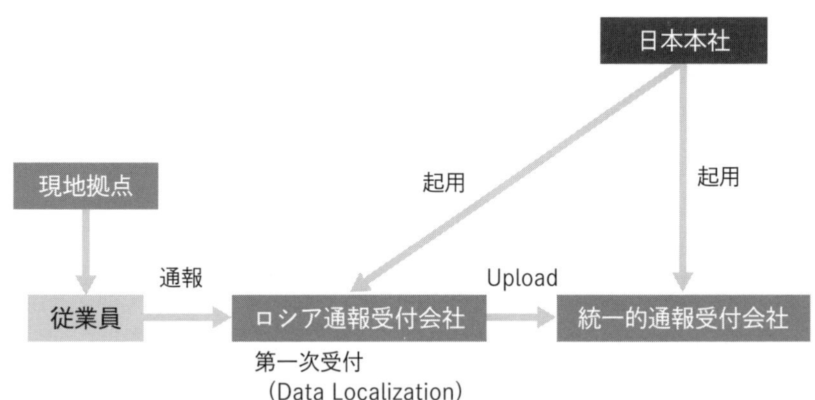

加えて，ロシアの個人情報保護法において，個人情報のロシア国外への移転は，本人の個人同意が必要となる。この点，日本は，ロシアの通信監督局（Roskomnadzor）により，個人情報の保護体制が適切であると認められた国として認められているものの，統一的通報受付会社として米国企業を起用した場合，米国はかかる十分性認定を受けていないので，従業員本人の個別同意が必要となる。

また，ロシアの労働基本法上，ロシア現地法人や駐在員事務所の従業員の個人情報を日本を含むロシア国外に移転する際には，労働基本法により第三者への情報の移転として書面による同意が必要とされるので，結局，現地の役職員全てから書面による同意が必要となる。工場などの従業員数が多い拠点を持つ企業にとっては高いハードルであるといわざるを得ない。

さらに，日本のロシア拠点において，本来であれば，内部通報制度の導入如何にかかわらず，個人情報保護法上，プライバシー・ポリシーを制定しておかなければならず，通信監督局（Roscomdazor）に一定の情報処理に対して届出を行う義務がある。さらに，内部通報制度の導入に際して，そのプライバシー・ポリシーを改訂し，当局への届出内容も調整して行う必要がある。

8 タイ（個人情報保護法）

タイの個人情報保護法（2019年個人情報保護法）は，2019年２月28日に制定されて同年５月28日に施行され，罰則規定などを含む完全な施行は2020年５月27日とされていた。

しかし，タイ政府は新型コロナウイルスへの対応が企業の負担となっていることを理由に，2021年５月９日効力発生の勅令により，その施行を１年間延長したので，その完全施行は2022年６月１日以降となる。

同法の構成はGDPRに類似している。その適用対象は，①タイ国内のデータ管理者及びデータ処理者，並びに，②タイ国外の者については，タイ国内に所在する者に対して商品役務を提供する者又はタイ国内に所在する者の行動を監視する者となる。

したがって，日本企業がタイに拠点を有する場合には，当然のことながら同法の適用対象となるが，例外的に，タイ国内に所在する者に対して商品役務を提供する場合（例：インターネットなどで商品をタイ国内で販売する場合），又はタイ国内に所在する者の行動を監視する場合にも同法の適用対象となる。

同法に違反した場合，刑事責任としては，データ主体の同意なく法に違反して個人情報を第三者に開示した場合や，法の要件を満たさずに個人データを国外に移転した場合等には，最大で１年以下の禁固もしくは100万バーツ以下の罰金またはその両方が科せられる。その他にも行政罰として500万バーツ以下の課徴金が課せられる場合がある。

グローバル内部通報制度を実施する上で，重要なポイントとして，①個人データの取得及び②タイ国外への情報移転が挙げられる。

①　個人データの取得

①個人データの取得に関しては，原則としてデータ主体から同意を取得する必要があるが，例外的に，「データ管理者又は第三者の正当な利益のために必要な場合」には同意が必要ないものとされている。もっとも，その正当な利益がデータ主体の個人データに関する基本的権利より重要であることが必要とされている。

グローバル内部通報制度により，タイ拠点の役職員に関する個人データを日本本社が取得することは企業グループの内部統制のために極めて重要な点であるから，この例外規定に依拠することが可能と考える。

②　タイ国外への情報移転

次に，②タイ国外への情報移転に関しては，基本的にはデータ主体からの同意が必要とされているが，GDPRと同様に，主に，以下の場合がその例外として認められる。

(a)　移転先国において個人情報保護のための十分な基準を満たしている場合（GDPR上の十分性認定と類似するものと考えられる）
(b)　グループ企業間では，タイの個人情報保護委員会が承認する情報保護ポリシーをグループ企業間で制定している場合（GDPR上のBinding Corporate Rules B（BCR）－拘束的企業準則に類似するものと考えられる）
(c)　個人情報保護委員会が定めるルールに従った内容で，データ主体の権利行使が確保された効果的な救済策が含まれた個人データ保護措置が事業間で設けられている場合（GDPR上のStandard Contractual Clauses

（SCC）－標準契約条項に類似するものと考えられる）

この点，(a) に関して，日本が十分性認定を受けることができれば国外移転の問題は解決されるが，通報受付会社が米国などの海外の企業であることにも留意する必要がある。また，(b) に関しては，タイの個人情報保護委員会の承認が必要であるので，GDPRのBCRと同様に，手続に時間・費用を要し，現実的な対応ではないであろう。したがって，現実的には (c) SCCを活用することが妥当である。

しかし，現段階においては，タイの個人情報保護委員会は独自のSCCを発表していないので，GDPRのSCCを代用するなどの対応を取らざるを得ないと考える。

東南アジアの法制度の状況

国名	法制度の概要
シンガポール	シンガポールには公益通報者保護に関する包括的な法律は存在しない。個別法においては，たとえば，汚職行為防止法（Prevention of Corruption Act（PCA））第36条において，匿名の通報者の情報を裁判で証拠として用いることができることが規定されているが，これは贈収賄関係の刑事裁判における通報者の証言の証拠能力に関するごく限られた規定である。個人情報保護法としては，2020年修正個人データ保護法（Personal Data Protection（Amendment）Act 2020）が存在する。その構成はGDPRに類似し，シンガポール国外へのデータ移転に関してはSCC（標準契約条項）の締結などの対応が必要である場合がある。したがって，EU各国においてグローバル内部通報制度を導入する場合と同様の対応をする必要がある。
タイ	タイには公益通報者保護に関する包括的な法律は存在しない。汚職防止法の執行規則及び承認保護法には通報者保護に関する

	若干の記載があるが，その限度である。もっとも本文に記載した通り，グローバル内部通報制度を導入するにあたってはタイの個人情報保護法の遵守に留意する必要がある。
ベトナム	ベトナムには公益通報者保護に関する包括的な法律は存在しない。汚職防止法，告訴に関する法律，及び刑事訴訟法において，当局に対して告訴を行う者は実名で行う必要があるが，その情報の秘密性は保護されるなどの限られた規定が存在するのみである。また，ベトナムには包括的な個人情報保護法は存在しない。
インドネシア	インドネシアには公益通報者保護に関する包括的な法律は存在しない。証人及び被害者保護に関する法律において通報者の保護に関する規定があるが，刑事裁判に限られた限定的な規定である。また，インドネシアの労働法上，労働者が使用者の犯罪を知って当局に通報した場合，労働者を解雇してはならないことが規定されている。また，インドネシアには包括的な個人情報保護法は存在しない。
マレーシア	マレーシアには公益通報者保護に関する包括的な法律として，2010年公益通報者保護法（Whistleblower Protection Act 2010）が存在する。同法には，通報に関する秘密保持義務，通報者の民事・刑事責任の免責，及び不利益取扱いの禁止が記載されている。同法の特色として，第8条において，通報を受け付けた企業のみならず，通報者においても秘密保持義務を負うことが挙げられる。現在，同法はマレーシア政府において改正の審議がなされている。また，マレーシアにおいては包括的な個人情報保護法は制定されていない（商業取引に関する個人データの保護に関してはPersonal Data Protection Act 2010が存在する）。

コラム　内部通報制度における国民性などの理解――インドネシア

インドネシアでは個人情報保護法などの内部通報制度に関連する法制度は制定されいない。調査後の是正措置として懲戒解雇が困難であることは別として，グローバル内部通報制度導入の法令上のハードルは低い。

ただし，その開始，運用にあたっては，現地法人の国民性についての理解は欠かせない。

そもそも，インドネシアでは一般に内部通報の件数が少ないという声をよく聞くが，なぜだろうか？

日本人は一般的に自分達は外国人に比べてナイーブだと考えている。しかし，確かに西洋人に比べるとそうかもしれないが，インドネシアで暮らすとインドネシア人（特にジャワ人）は日本人よりもさらにナイーブだと感じる。取引先との会議や社内の打合せでも，遠回しな言い方が続いて本当は何が言いたいのかがなかなかわからないこともある。これは社会的に人間関係が複雑で，できるだけ個人的な対立や衝突を避けるというインドネシアの国民性によるものだろう。

インドネシア全人口の半分近くが暮らすジャワ島だけを見ると日本よりも人口密度がはるかに高く，他人を思いやって仲良くしないと暮らしていけないからであろうか。しかし，逆に限界を超えると感情が爆発することがあるので注意が必要である。また，もちろん日本でも陰口はよいこととは思われていないが，インドネシアではその傾向がさらに強い。

このような国民性もインドネシアでは他国と比べて内部通報の件数が一般に少ないといわれる原因の１つではないだろうか。インドネシアでグローバル内部通報制度を開始する際には，そのような国民性もふまえて，この制度は全従業員を含む会社全体を守るためのものであって決して個人的な攻撃ではないことや，会社としての法令遵守の重要性を丁寧に全社員に説明する必要がある。

さらに，インドネシアは世界第４位の人口（２億７千万人）と日本の約５倍の国土を有し，宗教，民族ともに非常に多様な国である。日本では表現の自由の範囲内として問題とならない宗教に関する発言で元ジャカルタ州知事が禁錮の実刑判決を受けたことは記憶に新しい。日本ではほとんど意識することはないが，インドネシアでは何をするにも宗教と民族に関する配慮が必須となる。日々寄せられる通報内容には単なる愚痴のようなものから重要な法令違反に通じる可能性のある重要なものまで様々であろうが，その内容を検討するにあたっては宗教的，民族的な背景，含意についても考える必要がある。

（文責　平石 努）

9　オーストラリア

1　オーストラリアにおける内部通報制度の概要

オーストラリアの内部通報制度規制は，内部通報規程の内容を充実させることで内部通報者の保護を図るという点に特色がある。

すなわち，オーストラリアにおいては，内部通報に関する公益通報者の保護については，会社法（Corporations Act 2001）の中のPart4.9AAAの中に定められているが，特に，「Treasury Laws Amendment（Enhancing Whistleblower Protections）Act 2019」の2019年7月1日の施行により，上記の通報者保護に関する規定が大幅に改正された。

この改正により，2020年1月1日より，以下の企業に対して内部通報規程の制定が義務づけられた。この義務に違反した場合，1万3320豪ドルの罰金[25]が科せられる。

> ②　オーストラリア会社法に基づき設立された「Public Company（公開会社）」[26]
> ③　「Large Proprietary Company（大規模非公開会社）」
> ④　「Trustees of registrable superannuation entity（登録年金法人の受託者）」

25　法令上は60罰金単位の罰金が科せられるとされている（1罰金単位は2020年7月1日以降は222豪ドル）。
26　上場会社及びコモンウェルスにより所有又は支配されている企業。

なお，オーストラリアにおける「大規模非公開会社」とは，以下のうち2つ以上の要件を満たす非公開会社のことを指す。

①　会社及びその支配する会社の連結収入が50百万豪ドル以上であること ②　会社及びその支配する会社の連結総資産が25百万豪ドル以上であること ③　会社及びその支配する会社の従業員が100名以上であること

これらの要件は，前会計年度の期末時点で判断される。この要件に該当した場合，企業はそれから6カ月以内に内部通報規程を導入する必要がある。

なお，この類型に入らない企業の従業員であっても，その内部通報は同法に従って保護されることに注意が必要である。具体的には，以下2の「Regulated Entities」(オーストラリア法人のみならず，オーストラリアで事業活動を行う外国法人を含む）に関する通報は，同法により保護される。

2　内部通報者保護の各要件

オーストラリアの公益通報者保護法上，①適格通報者（Eligible Whistleblower）が，②一定の通報先に対して，③規制対象事業者（Regulated Entities）に関して，④一定の不正行為を通報する場合に，通報者の保護が図られる。その概要は，以下の通りである。

規制対象事業者（regulated entities）	• 会社，銀行等を幅広く含む（上記１の公開会社等に限定されない）。また，外国企業であっても，オーストラリア憲法51条が適用される場合には規制対象事業者に該当する
適格通報者	• 規制対象事業者（Regulated Entities）の役員・従業員（元役員，元従業員を含む） • 規制対象事業者（Regulated Entities）の取引先，又はその従業員 • 規制対象事業者（Regulated Entities）の関連企業 • 上記の配偶者，親族，被扶養者
通報先	• 適格受領者（Eligible Recipient），すなわち，取締役，秘書役，役員，上級管理職（senior manager），監査人，公益通報を受け付ける役割を任命された者（会社内部・外部を問わない）等 • ASIC（オーストラリア証券投資委員会） • APRA（オーストラリア健全性規制庁）等 • その他の連邦政府機関 • 弁護士
通報内容	会社法，ASIC又はAPRAが管轄するその他の法令，又は12カ月以上の懲役刑が定められているコモンウェルスの法律に関する違反行為，又は公共又は金融システムへの危機を及ぼす行為に関する，違法行為（Misconduct）又は不適切な事実，状況（Improper State of Affairs or Circumstances）

なお，2019年７月１日の改正前までは，通報の誠実性（Good Faith）という通報者の主観的要素が保護要件であったが，この改正で主観的要件が撤廃された。その代わりに，不正行為があったと疑うに足りる合理的根拠が要件として規定された。

これにより，通報者の主観ではなく，通報者が入手した情報に関する客観的な評価が問題となり，保護要件の明確化が図られた。

上記の通り，通報の受付担当として任命された者については，社内外を問わず適格受領者（Eligible Recipient）に該当し得る。このため，グローバル内部通報制度との関係においては，通報受付会社を適格受領者（Eligible Recipient）とすること等が考えられる。

3　公益通報者保護の内容

⑴　通報者を特定する情報の秘密保持義務

2019年の会社法改正前においては，匿名通報は保護の対象外であったが，2019年の改正によって，匿名通報も保護の対象になった。

また，この改正に伴って，通報者の身元特定につながる情報の開示は，原則して，通報者の同意がない限り，禁止されている。

⑵　報復措置等の禁止

通報者は，上記2の要件を満たす限り，民事・刑事・行政上の責任を免れるとともに，解雇，降格，差別などの報復措置を含む不利益行為は報復行為として禁止されている。

⑶　罰　則

上記⑴又は⑵に違反した場合には，法人は2400罰金単位の刑事罰，又は金銭的罰則として，50000罰金単位，違反行為により得た利益又は避けた不利益の3倍，又は2.5百万罰金単位を上限とする企業の年間収益の10%の罰則を受ける。また，個人についても，刑事罰として240罰金単位，金銭的罰則として5000罰金単位の罰則を受けることになる。

4　内部通報規程の策定

上記の改正を受けて，2019年11月，ASIC（オーストラリア証券投資委員会）は，企業が内部通報者保護法に準拠した内部通報制度を確立するためのガイドライン「Regulatory Guide 270 Whistleblower policies (RG 270)」を発表した。これには，内部通報制度の実施と維持に関する多くの有益な示唆が含まれている。したがって，上記1に従って，内部通報規程を制定する義務がない企業においても，これを遵守することが推奨される。

海外拠点での不正と対応方法

1　はじめに

海外拠点の役職員から受け取った通報全てを，日本本社で調査することは現実的ではない。

グローバル内部通報制度の趣旨は，海外拠点の経営陣の関与が疑われる深刻な不正を発見することであるから，比較的軽微な不正は現地担当者に委ねるべきである。しかし，任せるだけでは不十分であり，調査結果及び是正措置は必ず報告してもらい，不十分な調査又は不合理な是正措置に対しては本社として意見を述べて追加調査等を求める必要がある。

2　初動対応と案件の振り分け

通報を受領した場合，すぐに通報者に対して受領した旨を通知する必要がある。実務的には，遅くとも２営業日内に受領確認を行うことが一般的と考える（EU指令では７日以内に受領通知を行う義務があるとしているがそれでは遅すぎる）。さもなくば通報者が不安になり無用な外部通報を行う可能性が高まる。

その後，通報内容により，本社で直接調査を行うか，現地拠点に調査を指示するかを決定する。以下の表は，その判断の際の参考に供するものである。

一般に，贈収賄などの法令違反に関する通報は重要度が高い。しかし，法令違反を伴わない場合でも拠点内で内紛が生じているなどの場合には，現地拠点による公正な調査を期待することができないから，本社主導で調査を行う必要がある。

高	中	低
• 贈収賄 • 独禁法 • 会計・税務不正 • 利益相反 • キックバック • 横領・背任・窃盗 • 拠点内での内紛 • 品質・検査偽装 • 重要機密情報の漏洩 • 重大な法令違反（例：個人方法保護関連法，環境法，労働法違反） • 規制業種における業法違反（薬事関連法，金融関連法等） • セクハラその他のハラスメント（経営陣・重要社員が関わっている場合，特に米国拠点におけるセクハラ）	• セクハラその他のハラスメント（経営陣等が関与しないもの。米国セクハラを除く） • 軽微な法令違反（例：軽微な労働法，環境法，個人情報保護関連法の違反） • 業界団体のルール違反 • 社内規則違反（法令違反を伴わない場合） • 少額の窃盗等	• 人間関係の不満 • 給与などの処遇・人事評価の不満 • 職場環境の不満 • 業務改善の要求

3　一般的な調査の流れ

通報を受けた後の不正調査の流れは，通報者保護の点を除けば，通常の不正調査と特段変わることはない。

すなわち，一般的には以下のフローに従って調査が行われる。

1．調査準備段階	2．調査段階	3．是正措置段階
• 通報内容の吟味 • 通報者からの詳細な情報取得（通報者のインタビューを含む） • 組織図，関連規程類その他の関連資料の取得 • データ保全 • 調査チームの編成 • 調査計画書の策定	• 関係者のインタビュー • フォレンジック調査（主に電子メール） • 関連文書調査 • 報告書の作成（大規模調査では中間報告書の作成）	• 懲戒 • 捜査当局への通知（刑事告発） • 監督官庁への通知 • 民事訴訟の提起・応訴 • 適時開示 • 計算書類の訂正 • 再発防止策の実施

4　不正の類型別の調査ポイント

以下，それぞれの法分野ごとに，一般的に留意すべきポイントを記載する。

(1)　贈収賄

日本で贈収賄の疑惑が生じることは稀であるが，日本企業が進出するアジア，南米，中東，アフリカ等の海外拠点においては日常茶飯事的に賄賂の要求を受けており，海外で積極的に事業活動を行う日本企業にとって，この問題は現実的なリスクである。

外国公務員に対する贈賄は，現地刑法のみならず，不正競争防止法第18条の外国公務員贈賄罪，米国海外公務員汚職防止法（Foreign Corrupt Practices Act），英国賄賂禁止法（Bribery Act）等の域外適用法の対象となる。関与者個人のみならず，会社自体の犯罪であるので，贈収賄に関する通報があった場合には，基本的に全件調査を行う必要がある。

【調査の際の留意点】

①　現金その他の利益の授受について客観的証拠の有無を確認する。

②　賄賂はコンサルタントやエージェントを通じて支払われることが多い。委託契約上の業務内容，成果物の有無，実際の役務の提供などを確認するとともに，コンサルタント等が実際に現地公務員に賄賂を支払ったか否かを確認する。

③　賄賂の目的を確認する。典型的には，許認可の取得，違法行為の見逃し，競争入札における落札（自社に有利なスペック変更等），入札情報の取得，税務追徴の回避，政府契約の代金の支払促進などの目的で行われる。特に法令違反もないのに，現地公務員から恫喝を受けて錯誤により支払う場合もあるので，現地法上の分析は不可欠である。

④　賄賂資金の調達方法，計上方法，承認ルートについて確認をする。

⑤　複数の役職員が関与していることが多く，その関与の程度及び賄賂性の認識を確認する必要がある。

⑥　現地法・域外適用法が二重三重に適用される可能性があるので，各法令につきその適用範囲に関する事実（行為者の国籍，行為地等）を確認する。

⑦　支払の相手が政府系企業の担当者である場合，域外適用法上の「外国公務員」に該当するかを確認する。

⑧　長期間にわたって継続的に行われることも多く，その全部又は一部につき時効期間が経過している場合も多い。したがって，実行行為の時点を確認するとともに，行為者ごとに海外渡航歴を確認して時効の停止期間を確認して，各行為者について時効を確認する。

⑨　機械的な行政手続を円滑に進めるための少額の支払（いわゆるFacilitation Payment）に関して通報があった場合でも，賄賂には違いないので，原則として調査を実施する。

⑩　贈賄に関する事実以外に，贈賄を防止するコンプライアンス体制の有無についても確認する。経済産業省の外国公務員贈賄防止指針，日本弁護士連合会の海外贈賄防止ガイダンス（手引），及び米国司法省が発行するEvaluation of Corporate Compliance Programなどをもとに評価し，再発防止策を講じる。

⑪　海外贈賄問題に造詣の深い弁護士及び現地弁護士を関与させる。

また，調査結果に応じて，当局との間で司法取引（日本では刑事訴訟法に基づく協議合意制度）・自首制度の活用を検討することが望ましい。

社内でもみ消しを行えば現地当局に外部通報される可能性が高く，司法取引の機会を失うことにもなりかねないことに留意すべきである。

コラム　三菱日立パワーシステムズ事件

三菱日立パワーシステムズ（以下，「MHPS」という）（現，三菱パワー）は，2015年２月，タイ南部にあるカノムで，火力発電所建設のための資材を船で運び，総トン数500トンを超えるはしけを仮桟橋に接岸させて貨物を陸揚げしようとした。しかし，この仮桟橋は500トン以下の船舶の接岸港として建設許可されたものであったため，陸揚げしようとしていたところ，港湾支局長が怒鳴り声を上げて同社の担当者をにらみつけ，「接岸させるためには金を払え，これが最後通告である」などといって，2000万バーツの支払を要求してきた。

しかし，正式に許可を取るには４カ月の時間を要し，タイの火力発電所の発注者に支払う損害金だけでも１日4000万円となり，工事をストップするとなると大損害になる。そこで，最終的には，下請業者の従業員を介して1100万バーツ（約3900万円）をこの港湾支局長に支払った。

この件につき，MHPSは内部告発を受けたことを契機として社内調査を進めて不正を把握し，その結果を東京地検特捜部に申告した。内部通報制度が贈賄事件発覚の端緒となることを示すリーディングケースということができる。

不正競争防止法第18条の外国公務員贈賄罪は，個人のみならず法人も刑事訴追の対象になる。そこで，同社は元役員ら（元取締役，元執行役員，元部長）の不正行為の捜査に協力する見返りとして，MHPSは起訴を免れる形で司法取引に合意した。

その結果，会社は不起訴となったが，執行役員及び部長は有罪（執行猶予付き懲役刑判決）となった。取締役は第一審では執行猶予付き懲役判決となったが，控訴審で罰金になり，検察・取締役ともに双方上告中である。

⑵　利益相反

海外拠点の現地社長や購買担当者が自己又は他人の利益を図るために，自らの親族企業などを商流に入れてマージンを落とす場合がある。

たとえば，その拠点の仕入先（さらにその仕入先の仕入先）が現地社長の配偶者が代表者を務めるペーパーカンパニーである場合などがその典型例である。これは日本国内でも生じうる不正であるが，管理が行き届きにくい海外拠点で生じることが多い。

【調査の際の留意点】

①　複数の会社を商流に入れる場合も多く，取引関係が複雑になるケースも多い。最初に，問題となる商流を把握する必要がある。

②　その商流中，疑わしい会社の株主，経営陣，経営状況などを調査する。一般には調査会社に依頼して実施する。調査方法としては，商業登記，戸籍，訴訟記録，ソーシャルメディア等の調査，聞き込み調査などが一般的である。

③ 長期間にわたって不正が継続することが多い。大量の疑わしい取引がある場合には，法律事務所のみならず会計事務所を起用して調査を行う。
④ 現地社長が主導している場合，その部下に指示して，息のかかった企業を商流に関与させることがある。
⑤ 利益相反行為により得た金銭を，個人的な利益とするのではなく，贈賄資金として利用する場合がある。資金使途を確認して，適切に追加調査を実施する必要がある。

(3) キックバック

取引先の決定権を有する社員（特に，購買部門の社員）がその取引先からキックバックを受けることも，海外不正事案の典型例の１つである。特に，中国，韓国を含むアジア圏ではキックバックの事例が多い。商習慣的に蔓延しているといっても過言ではない。

【調査の際の留意点】

① キックバックが行われていても，取引書類上には，購入額が若干高くなる以外は兆候が現れないので，調査が困難であることが多い。社員が会社から受け取る給与の額からは考えられない派手な生活をすることにより周囲に噂が流れて発覚することもある。通報者等からできるだけ詳細な情報を確認したうえで，客観証拠の入手に努める必要がある。
② 客観証拠の入手には，電子メールのレビューの他，会社貸与パソコン，社用携帯電話などの電子機器に残された情報の精査が不可欠である。取引先からのメールなどに金銭の受け渡し方法が記載されている場合もある。メールには，キックバックの分配方法が記載されている場合，キックバックを受けた金銭を遊興費に用いたことなどが記載されている場合

などがある。

③　調査会社を使って，被通報者の暮らしぶりに関する調査を実施することも多い。本人又は家族が所有する不動産の登記記録，近隣の住民への聞き込み，SNSの調査などを実施することがある。

④　現地法上，キックバックを受け取ること自体が犯罪になる場合があるので現地法上の分析が不可欠である（中国では商業賄賂として処罰の対象となる）。

⑤　上記の利益相反の場合と同様，キックバックを受けた金銭を裏金として贈賄資金に用いるケースもある。

⑷　横領・窃盗・詐欺

現地人社長や経理担当者が関与する場合が多い。特に，経理担当者が長期間，同じ地位に就いている場合にリスクが高くなる。日本人駐在員が数年毎に交代し，現地子会社のオペレーションをほとんど把握せず，言われるがままに書面にサインし又は取引を承認することが根本原因である。経理担当者が，その管理の甘さに乗じて，長期間にわたって着服を行い，合計何億円もの被害に及ぶケースもある。

【調査の際の留意点】

①　架空の会社宛の請求書を偽造して，そこに記載された銀行口座に振り込む方法が典型的な手口である。

②　会社発行の小切手につき，適当な理由を説明して，日本人駐在員に署名させて着服するケースもある。

③　消耗品の購入を装い，小口現金からの支払により着服するケースもある。

④ 会社の備品を購入する際に，担当者個人のポイントカード，ポイントサイト等を利用して購入し，そのポイントを自己の利益のために利用する手口がある。しかし，そもそも会社規則により規制していなければ不正とまではいえない場合もある。

⑤ 贈賄資金であると偽って会社から現金を受け取り，その全部又は一部を着服するケースがある。皮肉にも，贈賄に用いられないほうが企業にとってリスクは低い。

⑥ 長期間にわたって実施されることがあるので，調査を行う場合には，会計事務所を関与させる必要がある。

⑦ 再発防止策としては，現地経理担当者の定期的な異動が考えられる。しかし，人材リソースが限られている場合も多く，困難なケースも多い。その他，経理担当者以外の社員を一次的に経理担当者のアシスタントに付ける，日本人駐在員が日常的に不自然な支出がないかチェックを行う，会計処理の一部を他の海外拠点に移すなどの対応が考えられる。

⑸ 会計不正―売上，利益の水増し

現地拠点に対して厳格な売上・利益目標を定めている企業では，会計不正が行われる可能性が高くなる。今年は10億円達成したから来年の目標は12億円，その翌年は15億円といったように，毎年の売上・利益が上昇することを想定して目標を設定すること自体には問題はない。しかし，その目標を「コミットメント」として取り扱い，未達の際には人事的な処分（解雇，降格）を行う企業では，現地役職員においていわゆる「数字作り」が行われやすい。

たとえば，現地採用の社長が，最初の数年間は前任者に比べて順調に売上・利益を伸ばすことができたとする。そうすると日本本社の期待が高ま

り，その社長は現地拠点ではカリスマ的な地位を得る。その地位に執着するあまり，押し込み販売や循環取引などにより，その後も順調に売上・利益が上がっているように，架空の売上・利益を計上しようとする場合がある。

【調査の際の留意点】

①　親会社の期待通りに，長期間にわたって毎年一定の売上を達成している現地拠点において発生することが多い。

②　現地の「カリスマ社長」がトップダウンで経理担当者を動かして不正に手を染めるケースも多い。

③　類似の取引が多数回繰り返されることが特徴の１つである。取引書類自体は表面的には整合性はとれているが，その記載内容は数字以外ほとんど同じであり，同じ書式が使い回されることが多い。

④　期末の押し込み販売や循環取引の場合には，取引先の関与が不可欠であるため，調査を実施する場合には取引先への聞き取りを検討する。

⑤　不正調査には，大量の取引関係資料を検討して過去の計算書類を訂正する必要があるため，会計事務所の起用が不可欠である。

⑥　不正発覚後，取引自体の法的有効性及び不法行為の成立が問題になり，取引先との間で法的紛争に至ることが多い。すなわち，押し込み販売の際に使われた売買契約が有効であるか，取引先に対して不法行為に基づく損害賠償請求を行うことができるかなどを検討する必要がある。したがって，不正調査の段階から，将来の法的紛争に備えて関連証拠を収集する目的で，法律事務所を起用する必要がある。

⑹ セクハラ・パワハラ問題，その他人事問題

ほとんどの内部通報の背後には人間関係のもつれがある。これはグローバル内部通報制度でも同じである。

ただ，現地の通常の報告ライン又は現地人事部門ではなく，何故，グローバル内部通報制度を通じて日本の本社に報告してきたのかを意識する必要がある。現地で相談したが相手にされなかったか，あるいは経営陣が関与している重大不正であり，現地で報告しても是正される可能性がないと判断したからこそ，グローバル内部通を行うケースも多い。したがって，人事関連であるからといって，安易に現地の人事担当者に解決を委ねるべきではない。

【調査の際の留意点】

① セクシュアル・ハラスメント（LGBT関連を含む），人種差別に関しては，特に米国で法的リスクが高い。陪審員裁判により懲罰的賠償責任を負うことで何十億円もの多額の賠償を余儀なくされる可能性もある。したがって，通報があれば，調査の初期段階から弁護士秘匿特権の確保を目的として法律事務所を関与させる必要がある。

② ハラスメント関連の調査を行う場合，通報者の協力が重要となる。第一報の通報には詳細な事実が記載されていることは稀であり，通報者本人から詳細な事実を確認してから，本格的な調査を行う必要がある。その際，通報者本人が被害者である場合，関係者に対して聴き取り調査を実施すれば，いかに注意しても通報したことが知れ渡る可能性があること，及び通報者に対する報復がなされないよう最大の注意を払って調査を実施することを説明することが望ましい。

③ 現地拠点において，派閥抗争が生じて，派閥間で通報合戦が生じる場

合がある。その場合，各派の役職員から何十通もの通報がなされることがある。その中にはセクハラ，差別などに関する通報が含まれることも多い。すみやかに法律事務所を起用し，現地拠点において関係者全員のインタビューを実施するなどの対応を行う必要がある。

④　軽微な人事的問題については，現地拠点の人事又はそれを統括する上位組織（たとえば地域統括会社の担当部門）に権限委譲を行って対応を行うことが望ましい。本社の法務・コンプライアンス部門で全ての対応を行うことはリソースの有効活用の観点から，妥当ではない。

⑺　独占禁止法

通報件数として，独禁法関連のものは極めて少ないが，特にカルテル事案において，通報があれば，当局に対していち早く他のカルテル参加企業に先だってリニエンシーの申請を行って課徴金の減免を目指すことができる。

【調査の際の留意点】

①　リニエンシーをいち早く申請するため，迅速な対応が必要となる。通報を受領した場合，直ちに通報者とコンタクトをとって可能な限り詳細な情報を取得するとともに，秘密裏に社内調査を開始する必要がある。

②　リニエンシー申請に必要な情報（カルテル参加企業，対象製品・市場・期間などのカルテルの合意内容，合意形成の方法，各社による合意の履行状況，それを証明する客観証拠等），参加企業のリニエンシーに向けた動向などの情報を取得する必要がある。

③　多数の法域にまたがって独占禁止法違反になる場合もある。各法域の弁護士を速やかに起用して弁護士秘匿特権を確保するとともに，リニエ

ンシー申請を行う国，その申請時期，及び当局に対して提出する資料などのすり合わせを行う必要がある。

5　現地拠点の経営陣の関与が疑われる件の調査

第1章において述べた通り，グローバル内部通報制度の主要目的は，現地経営陣の関与が疑われるような不正を発見することにある。その調査・是正の留意点は以下の通りである。

(1)　利益相反の排除

第一に留意すべき点は，調査における利益相反の排除である。軽微な通報対応においては現地の法務コンプライアンス担当者に調査を委ねることも多いが，現地経営陣が主導又は関与している不正については現地の法務コンプライアンス担当者も関与していることがある。

たとえば，現地の法務コンプライアンス担当者において，問題となる取引に関して，現地拠点の経営会議において，出席して意見を述べていたり，現地の法務コンプライアンス担当者も承認していたり，その契約を起案している場合もある。

また，現地経営陣の指揮命令下にあることが多いから，日本本社の調査チームが現地の法務コンプライアンスに伝えた情報が現地経営陣に筒抜けになることもある。

したがって，現地の法務コンプライアンス担当者を調査チームのメンバーに加えることの是非を検討する必要がある。

⑵　迅速な証拠保全

現地経営陣が調査が行われていることを知れば，その部下に証拠の隠滅を指示し，又は口裏合わせを行う危険がある。したがって，秘密裏に調査を進めることが必要であるが，Ｅメールなどの電子データ，取引記録その他の証拠の保全を速やかに実施する必要がある。

企業によっては，日本本社から現地拠点の電子メールへのアクセスができない場合もある。その場合には現地のIT担当者に連絡する必要が生じ，そこから現地経営陣に調査の事実が発覚することもある。

したがって，平時より，日本本社において統一的にデータ管理を行うシステム構築を行う必要がある。Ｅメールのみならず，会計資料，取引承認，経費精算，人事情報（組織図を含む）その他のデータの統一的な管理を進める必要がある。

⑶　法律事務所の起用

現地の法律事務所を起用して調査を進める必要がる。

その選定の際には，現地拠点が日頃から助言を受けている法律事務所は現地経営陣と近い関係にあるから，避ける必要がある。不正調査業務について定評があり，英語又は日本語によるコミュニケーション能力が高く，法解釈のみならず戦略的な助言を提供することが可能であり，しかもリスポンスが早い法律事務所を早期に選定して，調査の初期段階から起用する必要がある。

⑷　通報者の保護

通報者を特定させる情報が現地経営陣に知られたら，事実上の解雇など，有形無形の嫌がらせが行われることも多い。したがって，調査担当者としては，通報者を特定させる情報の範囲外共有を避け，関係者の聴き取りを実施するうえでも，当該調査が通報を契機として開始されたことすら言及すべきではない。

しかし，このような細心の注意を払ったとしても，通報者を特定させる情報が現地経営陣に伝わることがある。通報者本人が被通報者に対して通報の事実を伝えることもあれば，近しい関係者に漏らすこともある。

その結果，通報者に対して不利益な取扱いが行われる可能性が高いので，通報者に対して，自らそのような行為を行わないよう求めるとともに，不利益な取扱いが行われた場合にはすぐに調査担当者に対して申告するように事前に伝えることが妥当である。

(5) 独立性の確保

現地経営陣が被通報者として調査の対象となり，重大な法令違反などのコンプライアンス違反が判明した場合，懲戒などの是正措置を実施する必要がある。

しかし，パフォーマンスの高い現地経営陣は企業グループ内において高い地位を占めていることも多く，いざ懲戒を行おうと思っても，日本本社のビジネス部門より反対の声が上がることがある。

この点，欧米の国際企業であれば，本社のGeneral Counsel（法務担当役員）が強い権限を持ち，本社の経営陣に若干の説明をするだけで現地トップの解雇を簡単に行うことができる。

本社経営陣としても，現地の不正を放置して現地経営陣を救済すれば，株主代表訴訟のリスクなどを負うから，General Counselの意見を特に反対することなく受け入れる。

それに対し，日本企業の場合，残念ながら法務コンプライアンス部門が企業内において高い地位になく，日本本社のビジネス部門の意向に従わざるを得ないことも多く，本来は厳格な処分を行うべきであるのに，戒告や注意などの形だけの処分に止めるようにプレッシャーがかかる場合がある。

そのため，日本の法務コンプライアンス部門が本来の職責を達成するため，そのトップに役員クラスの者が就き，社外取締役・監査役との連携を密に，取締役会等において，日頃からコンプライアンスの重要性及び違反の場合の人事処分の在り方などを伝えていくことが必要となる。

6　その他の対応方法

その他，グローバル内部通報制度を実施する上で，対応に苦慮するケースにつき，以下の通り，その対策を解説する。

(1)　通報内容が不明の場合

以下の対応を行うことが推奨される。

Step1　実名通報の場合には本人に連絡して内容を確認する。匿名通報の場合には，グローバル内部通報制度のコミュニケーションツールを使って，通報者への連絡を試みる。

⬇

Step2　中立的な現地担当者にその背景事情などを確認する。

⬇

Step3　上記Step 1，2 を実施しても，通報内容が意味をなさない場合には，その件は「通報内容が明確ではないため，調査不能」として案件をクローズする。

⑵ 通報内容がグローバル内部通報制度の通報事項に該当しないことが明らかな場合

通報者に対して，当該事項は通報事項に該当しないので，上司又は現地の人事部門などの適切な所管部門に相談するように促す。これをもって，「通報事項に該当しない」として案件をクローズする。

しかし，一見，単なる人間関係の問題にすぎないと思われる場合であっても，重大なハラスメント問題につながるケースもあるので，慎重に判断する必要がある。特に，同一の拠点の複数人から多数の通報が来る場合には，人間関係が著しく悪化しており，一件一件を見れば法的問題がないかもしれないが，放置すれば重大なリスクにつながるケースがある。

⑶ 通報対象者以外の者からの通報

グローバル内部通報規程上の通報対象者以外から通報があるケースもある。その場合，通報内容自体が重大なコンプライアンス問題を含むものであれば，調査を実施する必要がある。ただし，競合他社が業務妨害の目的で通報してくるケースもあるので，その意図を十分に認識しつつ，現地のオペレーションへの負担を考慮しつつ，効率的に調査を行うことを心がける。

⑷ 不正な意図をもって行われた通報

公益通報者保護法第２条第１項においても，「不正の利益を得る目的，他人に損害を加える目的その他の不正の目的でなく」が公益通報の要件となっている。しかし，グローバル内部通報制度を通じて企業グループ全体で法令遵守体制を構築する目的からすれば，たとえ不正な意図をもって通報されたと考えられる場合であっても，通報内容自体を客観的に判断して，調査すべきか否かを検討する必要がある。

これは，通報者が，いかなる目的で通報するかを考えれば自明の問題である。「不正は許されない」という強い正義感で，自らに生じうる不利益を顧みずに，通報するケースも存在するが，それは稀である。

むしろ，上司との関係悪化，自らの保身，社内の派閥抗争，人間関係上の怨恨，処遇への不満などを背景としている場合が大多数である。これらを全て「不正な意図」として調査対応を行わないとすると，内部通報制度の目的を達成することはできない。内部通報制度は，いわゆる「人間のネガティブなマインド」を原動力として，不正の早期是正を図る制度であるといっても過言ではない。

ただし，このような「ネガティブ」な背景は，調査を行う際に，通報者の信用性を評価するうえで，その１つの要素として脳裏に留めておく必要がある。通報者は感情の高ぶりにより，事実を我田引水的に歪めて認識している場合も多い。調査時には電子メール等の客観的証拠に照らして，公正に判断する必要がある。

例：

- 業務成績が悪い従業員が解雇を免れるために通報する場合
- 被通報者が通報者に対抗するため，逆に通報仕返す場合
- 訴訟の相手方が，訴訟を混乱させる目的で通報する場合
- 解雇された従業員が恨みをもって通報する場合

資　料

1　**公益通報者保護法に基づく指針（令和３年内閣府告示第118号）の解説（令和３年10月消費者庁）**

2　**EU公益通報者保護指令（抜粋）**

3　**米国司法省『企業コンプライアンス制度の評価（Evaluation of Corporate Compliance Programs）（2020年６月改訂版）』（抜粋）**

4　**グローバル内部通報規程（ひな型）**

資料1　公益通報者保護法に基づく指針（令和３年内閣府告示第118号）の解説

（令和３年10月消費者庁）

本解説は，「公益通報者保護法の一部を改正する法律」（令和２年法律第51号）の施行時から適用される。

（出典）消費者庁ウェブサイト（https://www.caa.go.jp/policies/policy/consumer_partnerships/whisleblower_protection_system/overview/assets/overview_211013_0001.pdf）

内容

公益通報者保護法に基づく指針（令和3年内閣府告示第118号）の解説

第1　はじめに

Ⅰ　本解説の目的

公益通報者保護法（平成16年法律第122号。以下「法」という。）第11条第1項及び第2項は、公益通報対応業務従事者を定めること及び事業者内部における公益通報に応じ、適切に対応するために必要な体制の整備その他の必要な措置をとることを事業者（国の行政機関及び地方公共団体を含む。）に義務付け（以下「公益通報対応体制整備義務等」という。）、内閣総理大臣は、これらの事項に関する指針を定め（同条第4項）、必要があると認める場合には事業者に対して勧告等をすることができる（法第15条）。

事業者がとるべき措置の具体的な内容は、事業者の規模、組織形態、業態、法令違反行為が発生する可能性の程度、ステークホルダーの多寡、労働者等及び役員や退職者の内部公益通報対応体制の活用状況、その時々における社会背景等によって異なり得る。そのため、法第11条第4項に基づき定められた「公益通報者保護法第11条第1項及び第2項の規定に基づき事業者がとるべき措置に関して、その適切かつ有効な実施を図るために必要な指針」[1]（令和3年内閣府告示第118号。以下「指針」という。）においては、事業者がとるべき措置の個別具体的な内容ではなく、事業者がとるべき措置の大要が示されている[2]。

事業者がとるべき措置の個別具体的な内容については、各事業者において、指針に沿った対応をとるためにいかなる取組等が必要であるかを、上記のような諸要素を踏まえて主体的に検討を行った上で、内部公益通報対応体制を整備・運用することが必要である。本解説は、事業者におけるこのような検討を後押しするため、「指針を遵守するために参考となる考え方や指針が求める措置に関する具体的な取組例」を示すとともに、「指針を遵守するための取組を超えて、事業者が自主的に取り組むことが期待される推奨事項に関する考え方や具体例」についても併せて示すものである[3 4]。

Ⅱ　事業者における内部公益通報制度の意義

事業者が実効性のある内部公益通報対応体制を整備・運用することは、法令遵守の推進や組織の自浄作用の向上に寄与し、ステークホルダーや国民からの信頼の獲得にも資するものである。また、内部公益通報制度を積極的に活用したリスク管理等を通じて、事業者が適切に事業を運営し、充実した商品・サービスを提供していくことは、事業者の社会的責任を果たすとともに、ひいては持続可能な社会の形成に寄与するものである。

1　指針において定める事項は、法第11条第1項及び第2項に定める事業者の義務の内容を、その事業規模等にかかわらず具体化したものである。

2　常時使用する労働者数が300人以下の事業者については、事業者の規模や業種・業態等の実情に応じて可能な限り本解説に記載の事項に従った内部公益通報対応体制を整備・運用するよう努める必要がある。

3　本解説は、法第2条第1項に定める「事業者」を対象とするものである。本解説では、一般的な用語として用いられることの多い「社内調査」「子会社」等の表現を用いているが、これらが典型的に想定する会社形態の営利企業のみならず、同様の状況にあるその他の形態の事業者においても当てはまるものである。

4　本解説では、法が定める内部公益通報への対応体制等について記載しているが、内部公益通報には該当しない、事業者が定める内部規程等に基づく通報についても、本解説で規定する内容に準じた対応を行うよう努めることが望ましい。

以上の意義を踏まえ、事業者は、公正で透明性の高い組織文化を育み、組織の自浄作用を健全に発揮させるため、経営トップの責務として、法令等を踏まえた内部公益通報対応体制を構築するとともに、事業者の規模や業種・業態等の実情に応じて一層充実した内部公益通報対応の仕組みを整備・運用することが期待される。

第２　本解説の構成

本解説は、「公益通報者保護法に基づく指針等に関する検討会報告書」（令和３年４月21日公表）（以下「指針等検討会報告書」という。）の提言内容を基礎に、事業者のコンプライアンス経営への取組強化と社会経済全体の利益確保のために、法を踏まえて事業者が自主的に取り組むことが推奨される事項を記載した「公益通報者保護法を踏まえた内部通報制度の整備・運用に関する民間事業者向けガイドライン」（平成28年12月９日公表）（以下「民間事業者ガイドライン」という。）の規定を盛り込んだものである。

そのため、本解説には、公益通報対応体制整備義務等及び指針を遵守するために必要な事項に加え、そのほかに事業者が自主的に取り組むことが推奨される事項が含まれている。指針の各規定の解説を記載した「第３　指針の解説」（構成は下記のとおり。）では、両者の区別の明確化のため、前者は『指針を遵守するための考え方や具体例』の項目に、後者は『その他の推奨される考え方や具体例』の項目にそれぞれ記載した。

項目	概要
①　『指針の本文』	指針の規定を項目ごとに記載した項目
②　『指針の趣旨』	指針の各規定について、その趣旨・目的・背景等を記載した項目
③　『指針を遵守するための考え方や具体例』	指針を遵守するために参考となる考え方（例：指針の解釈）や指針が求める措置に関する具体的な取組例を記載した項目
④　『その他の推奨される考え方や具体例』	指針を遵守するための取組を超えて、事業者が自主的に取り組むことが期待される推奨事項に関する考え方や具体例を記載した項目

前述のとおり、指針を遵守するために事業者がとるべき措置の具体的な内容は、事業者の規模、組織形態、業態、法令違反行為が発生する可能性の程度、ステークホルダーの多寡、労働者等及び役員や退職者の内部公益通報対応体制の活用状況、その時々における社会背景等によって異なり得る。公益通報対応体制整備義務等が義務付けられている事業者は、従業員数300名程度の事業者から５万人を超えるグローバル企業まで多種多様であるところ、指針及び本解説において画一的に事業者がとるべき措置を定め、一律な対応を求めることは適切ではなく、また、現実的ではない。そのため、本解説は、指針に沿った対応をとるに当たり参考となる考え方や具体例を記載したものであり、本解説の具体例を採用しない場合であっても、事業者の状況等に即して本解説に示された具体例と類似又は同様の措置を講ずる等、適切な対応を行っていれば、公益通報対応体制整備義務等違反となるものではない。

事業者においては、まずは『指針を遵守するための考え方や具体例』に記載されている内容を踏まえつつ、各事業者の状況等を勘案して指針に沿った対応をとるための検討を行った上で、内部公益通報対応体制を整備・運用することが求められる。他方で、『その他の推奨される考え方や具体例』に記載されている内容についても、法の理念の達成や事業者の法令遵守の観点からは重要な考え方や取組であり、事業者がこれらの事項について取り組むことで、事業者のコンプライアンス経営の強化や社会経済全体の利益の確保がより一層促進することが期待される。

なお、本解説に用いる用語の意味は、本解説本文で定義している用語以外については指針において用いられているものと同様である。

第３　指針の解説

Ⅰ　従事者の定め（法第11条第１項関係）

１　従事者として定めなければならない者の範囲

①　指針本文

事業者は、内部公益通報受付窓口において受け付ける内部公益通報に関して公益通報対応業務を行う者であり、かつ、当該業務に関して公益通報者を特定させる事項を伝達される者を、従事者として定めなければならない。

②　指針の趣旨

公益通報者を特定させる事項の秘匿性を確保し、内部公益通報を安心して行うためには、公益通報対応業務のいずれの段階においても公益通報者を特定させる事項が漏れることを防ぐ必要がある。

また、法第 11 条第２項において事業者に内部公益通報対応体制の整備等を求め、同条第１項において事業者に従事者を定める義務を課した趣旨は、公益通報者を特定させる事項について、法第12条の規定により守秘義務を負う従事者による慎重な管理を行わせるためであり、同趣旨を踏まえれば、内部公益通報受付窓口において受け付ける[5]内部公益通報に関して、公益通報者を特定させる事項[6]を伝達される者を従事者として定めることが求められる。

③　指針を遵守するための考え方や具体例[7]

- 内部公益通報の受付、調査、是正に必要な措置の全て又はいずれかを主体的に行う業務及び当該業務の重要部分について関与する業務を行う場合に、「公益通報対応業務」に該当する。
- 事業者は、コンプライアンス部、総務部等の所属部署の名称にかかわらず、上記指針本文で定める事項に該当する者であるか否かを実質的に判断して、従事者として定める必要がある。
- 事業者は、内部公益通報受付窓口において受け付ける内部公益通報に関して公益通報対応業務を行うことを主たる職務とする部門の担当者を、従事者として定める必要がある。それ以外の部門の担当者であっても、事案により上記指針本文で定める事項に該当する場合には、必要が生じた都度、従事者として定める必要があ

5　内部公益通報を「受け付ける」とは、内部公益通報受付窓口のものとして表示された連絡先（電話番号、メールアドレス等）に直接内部公益通報がされた場合だけではなく、例えば、公益通報対応業務に従事する担当者個人のメールアドレス宛てに内部公益通報があった場合等、実質的に同窓口において内部公益通報を受け付けたといえる場合を含む。

6　「公益通報者を特定させる事項」とは、公益通報をした人物が誰であるか「認識」することができる事項をいう。公益通報者の氏名、社員番号等のように当該人物に固有の事項を伝達される場合が典型例であるが、性別等の一般的な属性であっても、当該属性と他の事項とを照合させることにより、排他的に特定の人物が公益通報者であると判断できる場合には、該当する。「認識」とは刑罰法規の明確性の観点から、公益通報者を排他的に認識できることを指す。

7　実効性の高い内部公益通報制度を運用するためには、公益通報者対応、調査、事実認定、是正措置、再発防止、適正手続の確保、情報管理、周知啓発等に係る担当者の誠実・公正な取組と知識・スキルの向上が重要であるため、必要な能力・適性を有する者を従事者として配置することが重要である。

る[8]。

④　その他に推奨される考え方や具体例

- 必要が生じた都度従事者として定める場合においては、従事者の指定を行うことにより、社内調査等が公益通報を端緒としていることを当該指定された者に事実上知らせてしまう可能性がある。そのため、公益通報者保護の観点からは、従事者の指定をせずとも公益通報者を特定させる事項を知られてしまう場合を除いて、従事者の指定を行うこと自体の是非について慎重に検討することも考えられる。

2　従事者を定める方法

①　指針本文

事業者は、従事者を定める際には、書面により指定をするなど、従事者の地位に就くことが従事者となる者自身に明らかとなる方法により定めなければならない。

②　指針の趣旨

従事者は、法第12条において、公益通報者を特定させる事項について、刑事罰により担保された守秘義務を負う者であり、公益通報者を特定させる事項に関して慎重に取り扱い、予期に反して刑事罰が科される事態を防ぐため、自らが刑事罰で担保された守秘義務を負う立場にあることを明確に認識している必要がある。

③　指針を遵守するための考え方や具体例

- 従事者を定める方法として、従事者に対して個別に通知する方法のほか、内部規程等において部署・部署内のチーム・役職等の特定の属性で指定することが考えられる。後者の場合においても、従事者の地位に就くことを従事者となる者自身に明らかにする必要がある。
- 従事者を事業者外部に委託する際においても、同様に、従事者の地位に就くことが従事者となる者自身に明らかとなる方法により定める必要がある。

8　公益通報の受付、調査、是正に必要な措置について、主体的に行っておらず、かつ、重要部分について関与していない者は、「公益通報対応業務」を行っているとはいえないことから、従事者として定める対象には該当しない。例えば、社内調査等におけるヒアリングの対象者、職場環境を改善する措置に職場内において参加する労働者等、製造物の品質不正事案に関する社内調査において品質の再検査を行う者等であって、公益通報の内容を伝えられたにとどまる者等は、公益通報の受付、調査、是正に必要な措置について、主体的に行っておらず、かつ、重要部分について関与していないことから、たとえ調査上の必要性に応じて公益通報者を特定させる事項を伝達されたとしても、従事者として定めるべき対象には該当しない。ただし、このような場合であっても、事業者における労働者等及び役員として、内部規程に基づき（本解説本文第３．Ⅱ．３．（４）「内部規程の策定及び運用に関する措置」参照）範囲外共有（本解説本文第３．Ⅱ．２．（２）「範囲外共有等の防止に関する措置」参照）をしてはならない義務を負う。

Ⅱ　内部公益通報対応体制の整備その他の必要な措置（法第11条第２項関係）

1　部門横断的な公益通報対応業務を行う体制の整備

(1)　内部公益通報受付窓口の設置等

①　指針本文

内部公益通報受付窓口を設置し、当該窓口に寄せられる内部公益通報を受け、調査をし、是正に必要な措置をとる部署及び責任者を明確に定める。

②　指針の趣旨

事業者において、通報対象事実に関する情報を早期にかつ円滑に把握するためには、内部公益通報を部門横断的に受け付ける[9]窓口を設けることが極めて重要である。そして、公益通報対応業務が責任感を持って実効的に行われるためには、責任の所在を明確にする必要があるため、内部公益通報受付窓口において受け付ける内部公益通報に関する公益通報対応業務を行う部署及び責任者[10]を明確に定める必要がある。このような窓口及び部署は、職制上のレポーティングライン[11]も含めた複数の通報・報告ラインとして、法令違反行為を是正することに資するものであり、ひいては法令違反行為の抑止にもつながるものである。

③　指針を遵守するための考え方や具体例

- 　ある窓口が内部公益通報受付窓口に当たるかは、その名称ではなく、部門横断的に内部公益通報を受け付けるという実質の有無により判断される。
- 　調査や是正に必要な措置について内部公益通報受付窓口を所管する部署や責任者とは異なる部署や責任者を定めることも可能である。
- 　内部公益通報受付窓口については、事業者内の部署に設置するのではなく、事業者外部（外部委託先、親会社等）に設置することや、事業者の内部と外部の双方に設置することも可能である。
- 　組織の実態に応じて、内部公益通報受付窓口が他の通報窓口（ハラスメント通報・相談窓口等）を兼ねることや、内部公益通報受付窓口を設置した上、これとは別に不正競争防止法違反等の特定の通報対象事実に係る公益通報のみを受け付ける窓口を設置することが可能である。
- 　調査・是正措置の実効性を確保するための措置を講ずることが必要である。例えば、公益通報対応業務の担当部署への調査権限や独立性の付与、必要な人員・予算等の割当等の措置が考えられる。

④　その他に推奨される考え方や具体例[12]

9　「部門横断的に受け付ける」とは、個々の事業部門から独立して、特定の部門からだけではなく、全部門ないしこれに準ずる複数の部門から受け付けることを意味する。

10　「部署及び責任者」とは、内部公益通報受付窓口を経由した内部公益通報に係る公益通報対応業務について管理・統括する部署及び責任者をいう。

11　「職制上のレポーティングライン」とは、組織内において指揮監督権を有する上長等に対する報告系統のことをいう。職制上のレポーティングラインにおける報告（いわゆる上司等への報告）やその他の労働者等及び役員に対する報告についても内部公益通報に当たり得る。

12　経営上のリスクに係る情報が、可能な限り早期にかつ幅広く寄せられるようにするため、内部公益通

- 内部公益通報受付窓口を設置する場合には、例えば、以下のような措置等を講じ、経営上のリスクにかかる情報を把握する機会の拡充に努めることが望ましい。
  - 子会社や関連会社における法令違反行為の早期是正・未然防止を図るため、企業グループ本社等において子会社や関連会社の労働者等及び役員並びに退職者からの通報を受け付ける企業グループ共通の窓口を設置すること[13]
  - サプライチェーン等におけるコンプライアンス経営を推進するため、関係会社・取引先を含めた内部公益通報対応体制を整備することや、関係会社・取引先における内部公益通報対応体制の整備・運用状況を定期的に確認・評価した上で、必要に応じ助言・支援をすること
  - 中小企業の場合には、何社かが共同して事業者の外部（例えば、法律事務所や民間の専門機関等）に内部公益通報受付窓口を委託すること
  - 事業者団体や同業者組合等の関係事業者共通の内部公益通報受付窓口を設けること
- 人事部門に内部公益通報受付窓口を設置することが妨げられるものではないが、人事部門に内部公益通報をすることを躊躇（ちゅうちょ）する者が存在し、そのことが通報対象事実の早期把握を妨げるおそれがあることにも留意する。

(2)　組織の長その他幹部からの独立性の確保に関する措置

①　指針本文

> 内部公益通報受付窓口において受け付ける内部公益通報に係る公益通報対応業務に関して、組織の長その他幹部に関係する事案については、これらの者からの独立性を確保する措置をとる。

②　指針の趣旨

組織の長その他幹部[14]が主導・関与する法令違反行為も発生しているところ、これらの者が影響力を行使することで公益通報対応業務が適切に行われない事態を防ぐ必要があること、これらの者に関する内部公益通報は心理的ハードルが特に高いことを踏まえれば、組織の長その他幹部から独立した内部公益通報対応体制を構築する必要がある[15]。

報受付窓口の運用に当たっては、敷居が低く、利用しやすい環境を整備することが望ましい。また、実効性の高い内部公益通報対応体制を整備・運用するとともに、職場の管理者等（公益通報者又は公益通報を端緒とする調査に協力した者の直接又は間接の上司等）に相談や通報が行われた場合に適正に対応されるような透明性の高い職場環境を形成することが望ましい。

13　子会社や関連会社において、企業グループ共通の窓口を自社の内部公益通報受付窓口とするためには、その旨を子会社や関連会社自身の内部規程等において「あらかじめ定め」ることが必要である（法第2条第1項柱書参照)。また、企業グループ共通の窓口を設けた場合であっても、当該窓口を経由した公益通報対応業務に関する子会社や関連会社の責任者は、子会社や関連会社自身において明確に定めなければならない。

14　「幹部」とは、役員等の事業者の重要な業務執行の決定を行い又はその決定につき執行する者を指す。

15　上記指針本文が求める措置は、内部公益通報受付窓口を事業者の外部に設置すること等により内部公益通報の受付に関する独立性を確保するのみならず、調査及び是正に関しても独立性を確保する措置をとることが求められる。

③ 指針を遵守するための考え方や具体例[16]

- 組織の長その他幹部からの独立性を確保する方法として、例えば、社外取締役や監査機関（監査役、監査等委員会、監査委員会等）にも報告を行うようにする、社外取締役や監査機関からモニタリングを受けながら公益通報対応業務を行う等が考えられる。
- 組織の長その他幹部からの独立性を確保する方法の一環として、内部公益通報受付窓口を事業者外部（外部委託先、親会社等）に設置することも考えられる[17]。単一の内部公益通報受付窓口を設ける場合には当該窓口を通じた公益通報に関する公益通報対応業務について独立性を確保する方法のほか、複数の窓口を設ける場合にはそれらのうち少なくとも一つに関する公益通報対応業務に独立性を確保する方法等、事業者の規模に応じた方法も考えられる。

④ その他に推奨される考え方や具体例

- 組織の長その他幹部からの独立性を確保するために、例えば、以下のような措置等をとることが考えられる。
  - ➢ 企業グループ本社等において子会社や関連会社の労働者等及び役員からの通報を受け付ける企業グループ共通の窓口を設置すること[18]
  - ➢ 関係会社・取引先を含めた内部公益通報対応体制を整備することや、関係会社・取引先における内部公益通報対応体制の整備・運用状況を定期的に確認・評価した上で、必要に応じ助言・支援をすること
  - ➢ 中小企業の場合には、何社かが共同して事業者の外部（例えば、法律事務所や民間の専門機関等）に内部公益通報窓口を委託すること
  - ➢ 事業者団体や同業者組合等の関係事業者共通の内部公益通報受付窓口を設けること

(3) 公益通報対応業務の実施に関する措置

① 指針本文

> 内部公益通報受付窓口において内部公益通報を受け付け、正当な理由がある場合を除いて、必要な調査を実施する。そして、当該調査の結果、通報対象事実に係る法令違反行為が明らかになった場合には、速やかに是正に必要な措置をとる。また、是正に必要な措置をとった後、当該措置が適切に機能しているかを確認し、

---

16 法第11条第２項について努力義務を負うにとどまる中小事業者においても、組織の長その他幹部からの影響力が不当に行使されることを防ぐためには、独立性を確保する仕組みを設ける必要性が高いことに留意する必要がある。

17 事業者外部への内部公益通報受付窓口の設置においては、本解説第３．Ⅱ．１．（４）④の２点目及び３点目についても留意する。

18 子会社や関連会社において、企業グループ共通の窓口を自社の内部公益通報受付窓口とするためには、その旨を子会社や関連会社自身の内部規程等において「あらかじめ定め」ることが必要である（法第２条第１項柱書参照）。また、企業グループ共通の窓口を設けた場合であっても、当該窓口を経由した公益通報対応業務に関する子会社や関連会社の責任者は、子会社や関連会社自身において明確に定めなければならない（脚注13再掲）。

適切に機能していない場合には、改めて是正に必要な措置をとる。

② 指針の趣旨

法の目的は公益通報を通じた法令の遵守にあるところ（法第1条）、法令の遵守のためには、内部公益通報に対して適切に受付、調査が行われ、当該調査の結果、通報対象事実に係る法令違反行為が明らかになった場合には、是正に必要な措置がとられる必要がある。また、法令違反行為の是正後に再度類似の行為が行われるおそれもあることから、是正措置が機能しているか否かを確認する必要もある。少なくとも、公益通報対応業務を組織的に行うことが予定されている内部公益通報受付窓口に寄せられた内部公益通報については、このような措置が確実にとられる必要がある。

③ 指針を遵守するための考え方や具体例

- 内部公益通報対応の実効性を確保するため、匿名の内部公益通報も受け付けることが必要である[19]。匿名の公益通報者との連絡をとる方法として、例えば、受け付けた際に個人が特定できないメールアドレスを利用して連絡するよう伝える、匿名での連絡を可能とする仕組み（外部窓口[20]から事業者に公益通報者の氏名等を伝えない仕組み、チャット等の専用のシステム[21]等）を導入する等の方法が考えられる。
- 公益通報者の意向に反して調査を行うことも原則として可能である。公益通報者の意向に反して調査を行う場合においても、調査の前後において、公益通報者とコミュニケーションを十分にとるよう努め、プライバシー等の公益通報者の利益が害されないよう配慮することが求められる。
- 調査を実施しない「正当な理由」がある場合の例として、例えば、解決済みの案件に関する情報が寄せられた場合、公益通報者と連絡がとれず事実確認が困難である場合等が考えられる。解決済みの案件か否かについては、解決に関する公益通報者の認識と事業者の認識が一致しないことがあるが、解決しているか否かの判断は可能な限り客観的に行われることが求められる。また、一見、法令違反行為が是正されたように見えても、案件自体が再発する場合や、当該再発事案に関する新たな情報が寄せられる場合もあること等から、解決済みといえるか、寄せられた情報が以前の案件と同一のものといえるかについては慎重に検討する必要がある。
- 是正に必要な措置が適切に機能しているかを確認する方法として、例えば、是正措置から一定期間経過後に能動的に改善状況に関する調査を行う、特定の個人が被害を受けている事案においては問題があれば再度申し出るよう公益通報者に伝える等が考えられる。

19　匿名の通報であっても、法第3条第1号及び第6条第1号に定める要件を満たす通報は、内部公益通報に含まれる。

20　「外部窓口」とは、内部公益通報受付窓口を事業者外部（外部委託先、親会社等）に設置した場合における当該窓口をいう。

21　匿名で公益通報者と事業者との間の連絡を仲介するサービスを提供する事業者も存在する。

- 調査の結果、法令違反等が明らかになった場合には、例えば、必要に応じ関係者の社内処分を行う等、適切に対応し、必要があれば、関係行政機関への報告等を行う。

④ その他に推奨される考え方や具体例

- コンプライアンス経営を推進するとともに、経営上のリスクに係る情報の早期把握の機会を拡充するため、内部公益通報受付窓口の利用者及び通報対象となる事項の範囲については、例えば、以下のように幅広く設定し、内部公益通報に該当しない通報についても公益通報に関する本解説の定めに準じて対応するよう努めることが望ましい。
  - 通報窓口の利用者の範囲：法第２条第１項各号に定める者のほか、通報の日から１年より前に退職[22]した労働者等、子会社・取引先の従業員（退職した者を含む）及び役員
  - 通報対象となる事項の範囲：法令違反のほか、内部規程違反等
- 内部公益通報受付窓口を経由しない内部公益通報を受けた労働者等及び役員においても、例えば、事案の内容等に応じて、自ら事実確認を行い是正する、公益通報者の秘密に配慮しつつ調査を担当する部署等に情報共有する等の方法により、調査や是正に必要な措置を速やかに実施することが望ましい。
- 例えば、内部公益通報対応体制の運営を支える従事者の意欲・士気を発揚する人事考課を行う等、コンプライアンス経営の推進に対する従事者の貢献を、積極的に評価することが望ましい。
- 法令違反等に係る情報を可及的速やかに把握し、コンプライアンス経営の推進を図るため、法令違反等に関与した者が、自主的な通報や調査協力をする等、問題の早期発見・解決に協力した場合には、例えば、その状況に応じて、当該者に対する懲戒処分等を減免することができる仕組みを整備すること等も考えられる。
- 公益通報者等[23]の協力が、コンプライアンス経営の推進に寄与した場合には、公益通報者等に対して、例えば、組織の長等からの感謝を伝えること等により、組織への貢献を正当に評価することが望ましい。なお、その際においても、公益通報者等の匿名性の確保には十分に留意することが必要である。

(4) 公益通報対応業務における利益相反の排除に関する措置

① 指針本文

内部公益通報受付窓口において受け付ける内部公益通報に関し行われる公益通報対応業務について、事案に関係する者を公益通報対応業務に関与させない措置をとる。

22 なお、事業者への通報が内部公益通報となり得る退職者は、当該通報の日前１年以内に退職した労働者等である（法第２条１項）。

23 「公益通報者等」とは、公益通報者及び公益通報を端緒とする調査に協力した者（以下「調査協力者」という。）をいう。

② 指針の趣旨

内部公益通報に係る事案に関係する者[24]が公益通報対応業務に関与する場合には、中立性・公正性を欠く対応がなされるおそれがあり（内部公益通報の受付や調査を行わない、調査や是正に必要な措置を自らに有利となる形で行う等）、法令の遵守を確保することができない。少なくとも、内部公益通報受付窓口に寄せられる内部公益通報については、実質的に公正な公益通報対応業務の実施を阻害しない場合を除いて、内部公益通報に係る事案に関係する者を公益通報対応業務から除外する必要がある。

③ 指針を遵守するための考え方や具体例

- 「関与させない措置」の方法として、例えば、「事案に関係する者」を調査や是正に必要な措置の担当から外すこと等が考えられる。受付当初の時点では「事案に関係する者」であるかが判明しない場合には、「事案に関係する者」であることが判明した段階において、公益通報対応業務への関与から除外することが必要である。ただし、「事案に関係する者」であっても、例えば、公正さが確保できる部署のモニタリングを受けながら対応をする等、実質的に公正な公益通報対応業務の実施を阻害しない措置がとられている場合には、その関与を妨げるものではない。

④ その他に推奨される考え方や具体例

- 想定すべき「事案に関係する者」の範囲については、内部規程において具体的に例示をしておくことが望ましい。
- いわゆる顧問弁護士を内部公益通報受付窓口とすることについては、顧問弁護士に内部公益通報をすることを躊躇（ちゅうちょ）する者が存在し、そのことが通報対象事実の早期把握を妨げるおそれがあることにも留意する。また、顧問弁護士を内部公益通報受付窓口とする場合には、例えば、その旨を労働者等及び役員並びに退職者向けに明示する等により、内部公益通報受付窓口の利用者が通報先を選択するに当たっての判断に資する情報を提供することが望ましい。
- 内部公益通報事案の事実関係の調査等通報対応に係る業務を外部委託する場合には、事案の内容を踏まえて、中立性・公正性に疑義が生じるおそれ又は利益相反が生じるおそれがある法律事務所や民間の専門機関等の起用は避けることが適当である。

24 「事案に関係する者」とは、公正な公益通報対応業務の実施を阻害する者をいう。典型的には、法令違反行為の発覚や調査の結果により実質的に不利益を受ける者、公益通報者や被通報者（法令違反行為を行った、行っている又は行おうとしているとして公益通報された者）と一定の親族関係がある者等が考えられる。

2　公益通報者を保護する体制の整備[25]

(1)　不利益な取扱いの防止に関する措置

①　指針本文

イ　事業者の労働者及び役員等が不利益な取扱いを行うことを防ぐための措置をとるとともに、公益通報者が不利益な取扱いを受けていないかを把握する措置をとり、不利益な取扱いを把握した場合には、適切な救済・回復の措置をとる。
ロ　不利益な取扱いが行われた場合に、当該行為を行った労働者及び役員等に対して、行為態様、被害の程度、その他情状等の諸般の事情を考慮して、懲戒処分その他適切な措置をとる。

②　指針の趣旨

労働者等及び役員並びに退職者が通報対象事実を知ったとしても、公益通報を行うことにより、不利益な取扱いを受ける懸念があれば、公益通報を躊躇（ちゅうちょ）することが想定される。このような事態を防ぐためには、労働者及び役員等による不利益な取扱いを禁止するだけではなく、あらかじめ防止するための措置が必要であるほか、実際に不利益な取扱いが発生した場合には、救済・回復の措置をとり、不利益な取扱いを行った者に対する厳正な対処をとることを明確にすることにより、公益通報を行うことで不利益な取扱いを受けることがないという認識を十分に労働者等及び役員並びに退職者に持たせることが必要である。

③　指針を遵守するための考え方や具体例

- 「不利益な取扱い」の内容としては、法第３条から第７条までに定めるものを含め、例えば、以下のようなもの等が考えられる。
  - ➢　労働者等たる地位の得喪に関すること（解雇、退職願の提出の強要、労働契約の終了・更新拒否、本採用・再採用の拒否、休職等）
  - ➢　人事上の取扱いに関すること（降格、不利益な配転・出向・転籍・長期出張等の命令、昇進・昇格における不利益な取扱い、懲戒処分等）
  - ➢　経済待遇上の取扱いに関すること（減給その他給与・一時金・退職金等における不利益な取扱い、損害賠償請求等）
  - ➢　精神上・生活上の取扱いに関すること（事実上の嫌がらせ等）
- 不利益な取扱いを防ぐための措置として、例えば、以下のようなもの等が考えられる。
  - ➢　労働者等及び役員に対する教育・周知
  - ➢　内部公益通報受付窓口において不利益な取扱いに関する相談を受け付けること[26]
  - ➢　被通報者が、公益通報者の存在を知り得る場合には、被通報者が公益通報者に対して解雇その他不利益な取扱いを行うことがないよう、被通報者に対し

25　（公益通報者だけでなく、）調査協力者に対しても、調査に協力をしたことを理由として解雇その他の不利益な取扱いを防ぐ措置をとる等、本項の定めに準じた措置を講ずることが望ましい。
26　本解説本文第３．Ⅱ．３．（１）③<仕組みや不利益な取扱いに関する質問・相談について>参照

て、その旨の注意喚起をする等の措置を講じ、公益通報者の保護の徹底を図ること

● 不利益な取扱いを受けていないかを把握する措置として、例えば、公益通報者に対して能動的に確認する、不利益な取扱いを受けた際には内部公益通報受付窓口等の担当部署に連絡するようその旨と当該部署名を公益通報者にあらかじめ伝えておく等が考えられる。

● 法第2条に定める「処分等の権限を有する行政機関」や「その者に対し当該通報対象事実を通報することがその発生又はこれによる被害の拡大を防止するために必要であると認められる者」に対して公益通報をする者についても、同様に不利益な取扱いが防止される必要があるほか、範囲外共有や通報者の探索も防止される必要がある。

④ その他に推奨される考え方や具体例

● 関係会社・取引先からの通報を受け付けている場合[27]において、公益通報者が当該関係会社・取引先の労働者等又は役員である場合には、通報に係る秘密保持に十分配慮しつつ、可能な範囲で、当該関係会社・取引先に対して、例えば、以下のような措置等を講ずることが望ましい。

➢ 公益通報者へのフォローアップや保護を要請する等、当該関係会社・取引先において公益通報者が解雇その他不利益な取扱いを受けないよう、必要な措置を講ずること

➢ 当該関係会社・取引先において、是正措置等が十分に機能しているかを確認すること

● 公益通報者を特定させる事項を不当な目的に利用した者についても、懲戒処分その他適切な措置を講ずることが望ましい。

(2) 範囲外共有等の防止に関する措置

① 指針本文

イ 事業者の労働者及び役員等が範囲外共有を行うことを防ぐための措置をとり、範囲外共有が行われた場合には、適切な救済・回復の措置をとる。
ロ 事業者の労働者及び役員等が、公益通報者を特定した上でなければ必要性の高い調査が実施できないなどのやむを得ない場合を除いて、通報者の探索を行うことを防ぐための措置をとる。
ハ 範囲外共有や通報者の探索が行われた場合に、当該行為を行った労働者及び役員等に対して、行為態様、被害の程度、その他情状等の諸般の事情を考慮して、懲戒処分その他適切な措置をとる。

② 指針の趣旨

労働者等及び役員並びに退職者が通報対象事実を知ったとしても、自らが公益

27 本解説本文第3．Ⅱ．1．（1）④参照

通報したことが他者に知られる懸念があれば、公益通報を行うことを躊躇（ちゅうちょ）することが想定される。このような事態を防ぐためには、範囲外共有や通報者の探索をあらかじめ防止するための措置が必要である[28]。特に、実際に範囲外共有や通報者の探索が行われた場合には、実効的な救済・回復の措置を講ずることが困難な場合も想定されることから、範囲外共有や通報者の探索を防ぐ措置を徹底することが重要である。また、そのような場合には行為者に対する厳正な対処を行うことにより、範囲外共有や通報者の探索が行われないという認識を十分に労働者等及び役員並びに退職者に持たせることが必要である。

③　指針を遵守するための考え方や具体例

- 範囲外共有を防ぐための措置として、例えば、以下のようなもの等が考えられる[29]。
  - ➢ 通報事案に係る記録・資料を閲覧・共有することが可能な者を必要最小限に限定し、その範囲を明確に確認する
  - ➢ 通報事案に係る記録・資料は施錠管理する
  - ➢ 内部公益通報受付窓口を経由した内部公益通報の受付方法としては、電話、FAX、電子メール、ウェブサイト等、様々な手段が考えられるが、内部公益通報を受け付ける際には、専用の電話番号や専用メールアドレスを設ける、勤務時間外に個室や事業所外で面談する
  - ➢ 公益通報に関する記録の保管方法やアクセス権限等を規程において明確にする
  - ➢ 公益通報者を特定させる事項の秘匿性に関する社内教育を実施する
- 公益通報に係る情報を電磁的に管理している場合には、公益通報者を特定させる事項を保持するため、例えば、以下のような情報セキュリティ上の対策等を講ずる。
  - ➢ 当該情報を閲覧することが可能な者を必要最小限に限定する
  - ➢ 操作・閲覧履歴を記録する
- 通報者の探索を行うことを防ぐための措置として、例えば、通報者の探索は行ってはならない行為であって懲戒処分その他の措置の対象となることを定め、その旨を教育・周知すること等が考えられる。
- 懲戒処分その他適切な措置を行う際には、範囲外共有が行われた事実の有無については慎重に確認し、範囲外共有を実際に行っていない者に対して誤って懲戒処分その他の措置を行うことのないよう留意する必要がある。
- 内部公益通報受付窓口の担当者以外の者（いわゆる上司等）も内部公益通報を受けることがある。これら内部公益通報受付窓口の担当者以外の者については、従事者として指定されていないことも想定されるが、その場合であっても、事業者において整備・対応が求められる範囲外共有等を防止する体制の対象とはな

28　範囲外共有及び通報者の探索を防止すべき「労働者及び役員等」には内部公益通報受付窓口に関する外部委託先も含む。また、外部委託先も従事者として定められる場合があり得る。
29　当該措置の対象には、外部窓口も含む。

るものであり、当該体制も含めて全体として範囲外共有を防止していくことが必要である。

④　その他に推奨される考え方や具体例

＜受付時の取組等について＞

- 外部窓口を設ける場合、例えば、公益通報者を特定させる事項は、公益通報者を特定した上でなければ必要性の高い調査が実施できない等のやむを得ない場合を除いて[30]、公益通報者の書面や電子メール等による明示的な同意がない限り、事業者に対しても開示してはならないこととする等の措置を講ずることも考えられる。
- 公益通報の受付時には、例えば、範囲外共有を防ぐために、通報事案に係る記録・資料に記載されている関係者（公益通報者を含む。）の固有名詞を仮称表記にすること等も考えられる。
- 公益通報者本人からの情報流出によって公益通報者が特定されることを防止するため、自身が公益通報者であること等に係る情報管理の重要性を、公益通報者本人にも十分に理解させることが望ましい。

＜調査時の取組等について＞

- 公益通報者を特定した上でなければ必要性の高い調査が実施できない等のやむを得ない場合[31]、公益通報者を特定させる事項を伝達する範囲を必要最小限に限定する（真に必要不可欠ではない限り、調査担当者にも情報共有を行わないようにする）ことは当然のこととして、例えば、以下のような措置等を講じ、公益通報者が特定されないよう、調査の方法に十分に配慮することが望ましい。
  - 公益通報者を特定させる事項を伝達する相手にはあらかじめ秘密保持を誓約させる
  - 公益通報者を特定させる事項の漏えいは懲戒処分等の対象となる旨の注意喚起をする
- 調査等に当たって通報内容を他の者に伝える際に、調査等の契機が公益通報であることを伝えなければ、基本的には、情報伝達される相手方において、公益通報がなされたことを確定的に認識することができず、公益通報者が誰であるかについても確定的に認識することを避けることができる。その場合、結果として、公益通報者を特定させる事項が伝達されるとの事態を避けられることから、必要に応じて従事者以外の者に調査等の依頼を行う際には、当該調査等が公益通報を契機としていることを伝えないことが考えられる。調査の端緒が内部公益通報であることを関係者に認識させない工夫としては、例えば、以下のような措置等が考えられる。
  - 抜き打ちの監査を装う
  - 該当部署以外の部署にもダミーの調査を行う

30　指針本文第４．２．（２）ロ
31　指針本文第４．２．（２）ロ

- （タイミングが合う場合には、）定期監査と合わせて調査を行う
- 核心部分ではなく周辺部分から調査を開始する
- 組織内のコンプライアンスの状況に関する匿名のアンケートを、全ての労働者等及び役員を対象に定期的に行う

＜その他＞

- 特に、ハラスメント事案等で被害者と公益通報者が同一の事案においては、公益通報者を特定させる事項を共有する際に、被害者の心情にも配慮しつつ、例えば、書面[32]による等、同意の有無について誤解のないよう、当該公益通報者から同意を得ることが望ましい。

32　電子的方式、磁気的方式その他人の知覚によっては認識することができない方式で作られる記録を含む。

3　内部公益通報対応体制を実効的に機能させるための措置

(1)　労働者等及び役員並びに退職者に対する教育・周知に関する措置

①　指針本文

イ　法及び内部公益通報対応体制について、労働者等及び役員並びに退職者に対して教育・周知を行う。また、従事者に対しては、公益通報者を特定させる事項の取扱いについて、特に十分に教育を行う。

ロ　労働者等及び役員並びに退職者から寄せられる、内部公益通報対応体制の仕組みや不利益な取扱いに関する質問・相談に対応する。

②　指針の趣旨

内部公益通報が適切になされるためには、労働者等及び役員並びに退職者において、法及び事業者の内部公益通報対応体制について十分に認識している必要がある。

また、公益通報対応業務を担う従事者は、公益通報者を特定させる事項について刑事罰で担保された守秘義務を負うことを踏まえ、法及び内部公益通報対応体制について、特に十分に認識している必要がある。

そして、労働者等及び役員並びに退職者の認識を高めるためには、事業者の側において能動的に周知するだけではなく、労働者等及び役員並びに退職者が質問や相談を行った際に、適時に情報提供ができる仕組みも必要である。

③　指針を遵守するための考え方や具体例[33]

＜労働者等及び役員並びに退職者に対する教育・周知について＞

- 公益通報受付窓口及び受付の方法を明確に定め、それらを労働者等及び役員に対し、十分かつ継続的に教育・周知することが必要である[34]。
- 教育・周知に当たっては、単に規程の内容を労働者等及び役員に形式的に知らせるだけではなく、組織の長が主体的かつ継続的に制度の利用を呼び掛ける等の手段を通じて、公益通報の意義や組織にとっての内部公益通報の重要性等を労働者等及び役員に十分に認識させることが求められる。例えば、以下のような事項について呼び掛けること等が考えられる。
  - ➢　コンプライアンス経営の推進における内部公益通報制度の意義・重要性
  - ➢　内部公益通報制度を活用した適切な通報は、リスクの早期発見や企業価値の向上に資する正当な職務行為であること
  - ➢　内部規程や法の要件を満たす適切な通報を行った者に対する不利益な取扱いは決して許されないこと
  - ➢　通報に関する秘密保持を徹底するべきこと
  - ➢　利益追求と企業倫理が衝突した場合には企業倫理を優先するべきこと

33　実効性の高い内部公益通報制度を整備・運用することは、組織内に適切な緊張感をもたらし、通常の報告・連絡・相談のルートを通じた自浄作用を機能させ、組織運営の健全化に資することを、労働者等及び役員に十分に周知することが重要である。

34　法に定める退職後1年以内の退職者についても教育・周知が必要である。

> 上記の事項は企業の発展・存亡をも左右し得ること

- 内部公益通報対応体制の仕組みについて教育・周知を行う際には、単に内部公益通報受付窓口の設置先を形式的に知らせるだけではなく、例えば、以下のような内部公益通報対応体制の仕組み全体の内容を伝えること等が求められる。
  > 内部公益通報受付窓口の担当者は従事者であること[35]
  > 職制上のレポーティングライン（いわゆる上司等）においても部下等から内部公益通報を受ける可能性があること
  > 内部公益通報受付窓口に内部公益通報した場合と従事者ではない職制上のレポーティングライン（いわゆる上司等）において内部公益通報をした場合とでは公益通報者を特定させる事項の秘匿についてのルールに差異があること[36]等
- 法について教育・周知を行う際には、権限を有する行政機関等への公益通報も法において保護されているという点も含めて、法全体の内容を伝えることが求められる。
- 教育・周知を行う際には、例えば、以下のような実効的な方法等を各事業者の創意工夫により検討し、実行することが求められる。
  > その内容を労働者等及び役員の立場・経験年数等に応じて用意する（階層別研修等）
  > 周知のツールに多様な媒体を用いる（イントラネット、社内研修、携行カード・広報物の配布、ポスターの掲示等）
  > 内部公益通報対応体制の内容、具体例を用いた通報対象の説明、公益通報者保護の仕組み、その他内部公益通報受付窓口への相談が想定される質問事項等をFAQにまとめ、イントラネットへの掲載やガイドブックの作成を行う
- 組織の長その他幹部に対しても、例えば、内部公益通報対応体制の内部統制システムにおける位置付け、リスク情報の早期把握がリスク管理に資する点等について教育・周知することが求められる。
- 退職者に対する教育・周知の方法として、例えば、在職中に、退職後も公益通報ができることを教育・周知すること等が考えられる。

＜従事者に対する教育について＞

- 従事者に対する教育については、例えば、定期的な実施や実施状況の管理を行う等して、通常の労働者等及び役員と比較して、特に実効的に行うことが求められる。法第12条の守秘義務の内容のほか、例えば、通報の受付、調査、是正に必要な措置等の各局面における実践的なスキルについても教育すること等が考

35　内部公益通報をする先が従事者であることが分かれば、公益通報者を特定させる事項がより慎重に取り扱われるといった安心感により内部公益通報を行いやすくする効果が期待できる。

36　具体的には、内部公益通報受付窓口に内部公益通報した場合においては、刑事罰付の守秘義務を負う従事者が対応することとなること、職制上のレポーティングライン（いわゆる上司等）への報告や従事者以外の労働者等及び役員に対する報告も内部公益通報となり得るが従事者以外は必ずしも刑事罰で担保された守秘義務を負うものでないこと、従事者以外の者については社内規程において範囲外共有の禁止を徹底させていること等が考えられる。

えられる。

- 従事者に対する教育については、公益通報対応業務に従事する頻度等の実態に応じて内容が異なり得る。

<仕組みや不利益な取扱いに関する質問・相談について>

- 内部公益通報対応体制の仕組みの質問・相談（不利益な取扱いに関する質問・相談を含む。）については、内部公益通報受付窓口以外において対応することや、内部公益通報受付窓口において一元的に対応することのいずれも可能である。

④　その他に推奨される考え方や具体例

- 内部公益通報対応体制の利用者を労働者等及び役員以外に対しても広く認めている場合には（例：企業グループ共通のホットラインを設ける。）、その体制の利用者全て（例：子会社の労働者等及び役員）に対して教育・周知を行うことが望ましい。

(2)　是正措置等の通知に関する措置

①　指針本文

> 書面により内部公益通報を受けた場合において、当該内部公益通報に係る通報対象事実の中止その他是正に必要な措置をとったときはその旨を、当該内部公益通報に係る通報対象事実がないときはその旨を、適正な業務の遂行及び利害関係人の秘密、信用、名誉、プライバシー等の保護に支障がない範囲において、当該内部公益通報を行った者に対し、速やかに通知する。

②　指針の趣旨

内部公益通報をした者は、事業者からの情報提供がなければ、内部公益通報について是正に必要な措置がとられたか否かについて知り得ない場合が多いと考えられ、行政機関等に公益通報すべきか、調査の進捗を待つべきかを判断することが困難である。そのため、利害関係人のプライバシーを侵害するおそれがある等[37]、内部公益通報をした者に対してつまびらかに情報を明らかにすることに支障がある場合を除いて、内部公益通報への対応結果を内部公益通報をした者に伝える必要がある。

③　指針を遵守するための考え方や具体例[38]

- 通知の態様は一律のものが想定されているものではなく、通知の方法として、例えば、公益通報者個人に通知をする、全社的な再発防止策をとる必要がある場合に労働者等及び役員全員に対応状況の概要を定期的に伝える等、状況に応じ

37　調査過程において誰が何を証言したか、人事処分の詳細な内容等はプライバシーに関わる場合もあるため、公益通報者に内部公益通報への対応結果を伝えるべきではない場合も想定される。

38　是正措置等の通知を行わないことがやむを得ない場合としては、例えば、公益通報者が通知を望まない場合、匿名による通報であるため公益通報者への通知が困難である場合等が考えられる。

た様々な方法が考えられる。

- 事業者は、内部公益通報受付窓口の担当者以外の者（いわゆる上司等）が内部公益通報を受ける場合においても、例えば、公益通報者の意向も踏まえつつ当該内部公益通報受付窓口の担当者以外の者が内部公益通報受付窓口に連絡するように教育・周知する等、適正な業務の遂行等に支障がない範囲において何らかの通知[39]がなされるようにすることが求められる。

④　その他に推奨される考え方や具体例

- 通知するまでの具体的な期間を示す（受付から20日以内に調査開始の有無を伝える[40]等）、是正措置等の通知のほかに、例えば、内部公益通報の受付[41]や調査の開始についても通知する[42]等、適正な業務の遂行等に支障が生じない範囲内において、公益通報者に対してより充実した情報提供[43]を行うことが望ましい。

(3)　記録の保管、見直し・改善、運用実績の労働者等及び役員への開示に関する措置

①　指針本文

イ　内部公益通報への対応に関する記録を作成し、適切な期間保管する。
ロ　内部公益通報対応体制の定期的な評価・点検を実施し、必要に応じて内部公益通報対応体制の改善を行う。
ハ　内部公益通報受付窓口に寄せられた内部公益通報に関する運用実績の概要を、適正な業務の遂行及び利害関係人の秘密、信用、名誉、プライバシー等の保護に支障がない範囲において労働者等及び役員に開示する。

②　指針の趣旨

内部公益通報対応体制の在り方は、事業者の規模、組織形態、業態、法令違反行為が発生するリスクの程度、ステークホルダーの多寡、労働者等及び役員並びに退職者の内部公益通報対応体制の活用状況、その時々における社会背景等によって異なり得るものであり、状況に応じて、継続的に改善することが求められる。その

39　例えば、内部公益通報を受けた者が公益通報者の上司等である場合において、公益通報者から単なる報告ではなく公益通報であるとしてその受領の通知を求められている場合には、公益通報者のプライバシー等に配慮しつつ内部公益通報受付窓口にその通報内容を伝え、公益通報者本人にこれを行った旨を通知することも考えられる。

40　書面により内部公益通報をした日から20日を経過しても、事業者から通報対象事実について調査を行う旨の通知がない場合等には、報道機関等への公益通報を行った者は、解雇その他不利益な取扱いからの保護の対象となる（法第3条第3号ホ）。

41　内部公益通報受付窓口を経由する内部公益通報について、書面や電子メール等、公益通報者が通報の到達を確認できない方法によって通報がなされた場合には、速やかに公益通報者に対し、通報を受領した旨を通知することが望ましい。

42　公益通報者が通知を望まない場合、匿名による通報であるため公益通報者への通知が困難である場合その他やむを得ない理由がある場合はこの限りではない。

43　内部公益通報受付窓口にて通報を受け付けた場合、調査が必要であるか否かについて、公正、公平かつ誠実に検討し、今後の対応についても、公益通報者に通知するよう努めることが望ましい。また、調査中は、調査の進捗状況について、被通報者や調査協力者等の信用、名誉及びプライバシー等に配慮しつつ、適宜、公益通報者に通知するとともに、調査結果について可及的速やかに取りまとめ、公益通報者に対して、その調査結果を通知するよう努めることが望ましい。

ためには、記録を適切に作成・保管し、当該記録に基づき、評価・点検を定期的に実施し、その結果を踏まえ、組織の長や幹部の責任の下で、対応の在り方の適切さについて再検討する等の措置が必要である。

また、内部公益通報が適切になされるためには、内部公益通報を行うことによって法令違反行為が是正されることに対する労働者等及び役員の期待感を高めることが必要であり、そのためには、個人情報の保護等に十分配慮しつつ、事業者の内部公益通報対応体制が適切に機能していることを示す実績を労働者等及び役員に開示することが必要である。

③　指針を遵守するための考え方や具体例[44]

- 記録の保管期間については、個々の事業者が、評価点検や個別案件処理の必要性等を検討した上で適切な期間を定めることが求められる。記録には公益通報者を特定させる事項等の機微な情報が記載されていることを踏まえ、例えば、文書記録の閲覧やデータへのアクセスに制限を付す等、慎重に保管する必要がある。
- 定期的な評価・点検[45]の方法として、例えば、以下のようなもの等が考えられる。
  - 労働者等及び役員に対する内部公益通報対応体制の周知度等についてのアンケート調査（匿名アンケートも考えられる。）
  - 担当の従事者間における公益通報対応業務の改善点についての意見交換
  - 内部監査及び中立・公正な外部の専門家等による公益通報対応業務の改善点等（整備・運用の状況・実績、周知・研修の効果、労働者等及び役員の制度への信頼度、本指針に準拠していない事項がある場合にはその理由、今後の課題等）の確認
- 運用実績とは、例えば、以下のようなもの等が考えられる。
  - 過去一定期間における通報件数
  - 是正の有無
  - 対応の概要
  - 内部公益通報を行いやすくするための活動状況

  なお、開示の内容・方法を検討する際には、公益通報者を特定させる事態が生じないよう十分に留意する必要がある。
- 運用実績の労働者等及び役員への開示に当たっては、公益通報とそれ以外の通報とを厳密に区別する必要はない。

④　その他に推奨される考え方や具体例

- 各事業者における内部公益通報対応体制の実効性の程度は、自浄作用の発揮

44　内部公益通報対応体制の整備・運用に当たっては、労働者等及び役員の意見・要望を反映したり、他の事業者の優良事例を参照したりする等、労働者等及び役員並びに退職者が安心して通報・相談ができる実効性の高い仕組みを構築することが望ましい。

45　評価・点検の対象には、外部窓口も含む。

を通じた企業価値の維持・向上にも関わるものであり、消費者、取引先、労働者等・役員、株主・投資家、債権者、地域社会等のステークホルダーにとっても重要な情報であるため、運用実績の概要や内部公益通報対応体制の評価・点検の結果を、ＣＳＲ報告書やウェブサイト等を活用して開示する等、実効性の高いガバナンス体制を構築していることを積極的に対外的にアピールしていくことが望ましい。

(4)　内部規程の策定及び運用に関する措置

①　指針本文

この指針において求められる事項について、内部規程において定め、また、当該規程の定めに従って運用する。

②　指針の趣旨

事業者において、指針に沿った内部公益通報対応体制の整備等を確実に行うに当たっては、指針の内容を当該事業者において守るべきルールとして明確にし、担当者が交代することによって対応が変わることや、対応がルールに沿ったものか否かが不明確となる事態等が生じないようにすることが重要であり、その観点からはルールを規程として明確に定めることが必要となる。調査の権限が定められていなければ、例えば、調査の対象者において調査に従うべきか疑義が生じ、実効的な調査が実施できない場合もある。また、規程に沿って運用がされなければ規程を定める意味がない。

③　その他に推奨される考え方や具体例

- 内部公益通報の受付から調査・是正措置の実施までを適切に行うため、幹部を責任者とし、幹部の役割を内部規程等において明文化することが望ましい。
- 労働者等及び役員は、例えば、担当部署による調査に誠実に協力しなければならないこと、調査を妨害する行為はしてはならないこと等を、内部規程に明記することが望ましい。

資料２　EU公益通報者保護指令（抜粋）

DIRECTIVE (EU) 2019/1937 OF THE EUROPEAN PARLIAMENT AND OF THE COUNCIL

of 23 October 2019

on the protection of persons who report breaches of Union law

CHAPTER I

SCOPE, DEFINITIONS AND CONDITIONS FOR PROTECTION

Article 1

Purpose

The purpose of this Directive is to enhance the enforcement of Union law and policies in specific areas by laying down common minimum standards providing for a high level of protection of persons reporting breaches of Union law.

Article 2

Material scope

1. This Directive lays down common minimum standards for the protection of persons reporting the following breaches of Union law:

(a) breaches falling within the scope of the Union acts set out in the Annex that concern the following areas:

(i) public procurement;

(ii) financial services, products and markets, and prevention of money laundering and terrorist financing;

(iii) product safety and compliance;

(iv) transport safety;

(v) protection of the environment;

(vi) radiation protection and nuclear safety;

(vii) food and feed safety, animal health and welfare;

(viii) public health;

(ix) consumer protection;

(x) protection of privacy and personal data, and security of network and information systems;

(b) breaches affecting the financial interests of the Union as referred to in Article 325 TFEU and as further specified in relevant Union measures;

(c) breaches relating to the internal market, as referred to in Article 26(2) TFEU, including breaches of Union competition and State aid rules, as well as breaches relating to the internal market in relation to acts which breach the rules of corporate tax or to arrangements the purpose of which is to obtain a tax advantage that defeats the object or purpose of the applicable corporate tax law.

2. This Directive is without prejudice to the power of Member States to extend protection under national law as regards areas or acts not covered by paragraph 1.

Article 3

Relationship with other Union acts and national provisions

1. Where specific rules on the reporting of breaches are provided for in the sector-specific Union acts listed in Part II of the Annex, those rules shall apply. The provisions of this Directive shall be applicable to the extent that a matter is not mandatorily regulated in those sector-specific Union acts.

2. This Directive shall not affect the responsibility of Member States to ensure national security or their power to protect their essential security interests. In particular, it shall not apply to reports of breaches of the procurement rules involving defence or security aspects unless they are covered by the relevant acts of the Union.

3. This Directive shall not affect the application of Union or national law relating to any of the following:

(a) the protection of classified information;

(b) the protection of legal and medical professional privilege;

(c) the secrecy of judicial deliberations;

(d) rules on criminal procedure.

4. This Directive shall not affect national rules on the exercise by workers of their rights to consult their representatives or trade unions, and on protection against any unjustified detrimental measure prompted by such consultations as well as on the autonomy of the social partners and their right to enter into collective agreements. This is without prejudice to the level of protection granted by this Directive.

Article 4

Personal scope

1. This Directive shall apply to reporting persons working in the private or public sector who acquired information on breaches in a work-related context including, at least, the following:

(a) persons having the status of worker, within the meaning of Article 45(1) TFEU, including civil servants;

(b) persons having self-employed status, within the meaning of Article 49 TFEU;

(c) shareholders and persons belonging to the administrative, management or supervisory body of an undertaking, including non-executive members, as well as volunteers and paid or unpaid trainees;

(d) any persons working under the supervision and direction of contractors, subcontractors and suppliers.

2. This Directive shall also apply to reporting persons where they report or publicly disclose information on breaches acquired in a work-based relationship which has since ended.

3. This Directive shall also apply to reporting persons whose work-based relationship is yet to begin in cases where information on breaches has been acquired during the recruitment process or other pre-contractual negotiations.

4. The measures for the protection of reporting persons set out in Chapter VI shall also apply, where relevant, to:

(a) facilitators;

(b) third persons who are connected with the reporting persons and who could suffer retaliation in a work-related context, such as colleagues or relatives of the reporting persons; and

(c) legal entities that the reporting persons own, work for or are otherwise connected with in a work-related context.

Article 5

Definitions

For the purposes of this Directive, the following definitions apply:

(1) 'breaches' means acts or omissions that:

(i) are unlawful and relate to the Union acts and areas falling within the material scope referred to in Article 2; or

(ii) defeat the object or the purpose of the rules in the Union acts and areas falling within the material scope referred to in Article 2;

(2) 'information on breaches' means information, including reasonable suspicions, about actual or potential breaches, which occurred or are very likely to occur in the organisation in which the reporting person works or has worked or in another organisation with which the reporting person is or was in contact through his or her work, and about attempts to conceal such breaches;

(3) 'report' or 'to report' means, the oral or written communication of information on breaches;

(4) 'internal reporting' means the oral or written communication of information on breaches within a legal entity in the private or public sector;

(5) 'external reporting' means the oral or written communication of information on breaches to the competent authorities;

(6) 'public disclosure' or 'to publicly disclose' means the making of information on breaches available in the public domain;

(7) 'reporting person' means a natural person who reports or publicly discloses information on breaches acquired in the context of his or her work-related activities;

(8) 'facilitator' means a natural person who assists a reporting person in the reporting process in a work-related context, and whose assistance should be confidential;

(9) 'work-related context' means current or past work activities in the public or private sector through which, irrespective of the nature of those activities, persons acquire information on breaches and within which those persons could suffer retaliation if they reported such information;

(10) 'person concerned' means a natural or legal person who is referred to in the report or public disclosure as a person to whom the breach is attributed or with whom that person is associated;

(11) 'retaliation' means any direct or indirect act or omission which occurs in a work-related context, is prompted by internal or external reporting or by public disclosure, and which causes or may cause unjustified detriment to the reporting person;

(12) 'follow-up' means any action taken by the recipient of a report or any competent authority, to assess the accuracy of the allegations made in the report and, where relevant, to address the breach reported, including through actions such as an internal enquiry, an investigation, prosecution, an action for recovery of funds, or the closure of the procedure;

(13) 'feedback' means the provision to the reporting person of information on the action envisaged or taken as follow-up and on the grounds for such follow-up;

(14) 'competent authority' means any national authority designated to receive reports in accordance with Chapter III and give feedback to the reporting person, and/or designated to carry out the duties provided for in this Directive, in particular as regards follow-up.

Article 6

Conditions for protection of reporting persons

1. Reporting persons shall qualify for protection under this Directive provided that:

(a) they had reasonable grounds to believe that the information on breaches reported was true at the time of reporting and that such information fell within the scope of this Directive; and

(b) they reported either internally in accordance with Article 7 or externally in accordance with Article 10, or made a public disclosure in accordance with Article 15.

2. Without prejudice to existing obligations to provide for anonymous reporting by virtue of Union law, this Directive does not affect the power of Member States to decide whether legal entities in the private or public sector and competent authorities are required to accept and follow up on anonymous reports of breaches.

3. Persons who reported or publicly disclosed information on breaches anonymously, but who are subsequently identified and suffer retaliation, shall nonetheless qualify for the protection provided for under Chapter VI, provided that they meet the conditions laid down in paragraph 1.

4. Persons reporting to relevant institutions, bodies, offices or agencies of the Union breaches falling within the scope of this Directive shall qualify for protection as laid down in this Directive under the same conditions as persons who report externally.

CHAPTER II

INTERNAL REPORTING AND FOLLOW-UP

Article 7

Reporting through internal reporting channels

1. As a general principle and without prejudice to Articles 10 and 15, information on breaches may be reported through the internal reporting channels and procedures provided for in this Chapter.

2. Member States shall encourage reporting through internal reporting channels before reporting through external reporting channels, where the breach can be addressed effectively internally and where the reporting person considers that there is no risk of retaliation.

3. Appropriate information relating to the use of internal reporting channels referred to in paragraph 2 shall be provided in the context of the information given by legal entities in the private and public sector pursuant to point (g) of Article 9(1), and by competent authorities pursuant to point (a) of Article 12(4) and Article 13.

Article 8

Obligation to establish internal reporting channels

1. Member States shall ensure that legal entities in the private and public sector establish channels and procedures for internal reporting and for follow-up, following consultation and in agreement with the social partners where provided for by national law.

2. The channels and procedures referred to in paragraph 1 of this Article shall enable the entity's workers to report information on breaches. They may enable other persons, referred to in points (b), (c) and (d) of Article 4(1) and Article 4(2), who are in contact with the entity in the context of their work-related activities to also report information on breaches.

3. Paragraph 1 shall apply to legal entities in the private sector with 50 or more workers.

4. The threshold laid down in paragraph 3 shall not apply to the entities falling within the scope of Union acts referred to in Parts I.B and II of the Annex.

5. Reporting channels may be operated internally by a person or department designated for that purpose or provided externally by a third party. The safeguards and requirements referred to in Article 9(1) shall also apply to entrusted third parties operating the reporting channel for a legal entity in the private sector.

6. Legal entities in the private sector with 50 to 249 workers may share resources as regards the receipt of reports and any investigation to be carried out. This shall be without prejudice to the obligations imposed upon such entities by this Directive to maintain confidentiality, to give feedback, and to address the reported breach.

7. Following an appropriate risk assessment taking into account the nature of the activities of the entities and the ensuing level of risk for, in particular, the environment and public health, Member States may require legal entities in the private sector with fewer than 50 workers to establish internal reporting channels and procedures in accordance with Chapter II.

8. Member States shall notify the Commission of any decision they take to require legal entities in the private sector to establish internal reporting channels pursuant to paragraph 7. That notification shall include the reasons for the decision and the criteria used in the risk assessment referred to in paragraph 7. The Commission shall communicate that decision to the other Member States.

9. Paragraph 1 shall apply to all legal entities in the public sector, including any entity owned or controlled by such entities.

Member States may exempt from the obligation referred to in paragraph 1 municipalities with fewer than 10 000 inhabitants or fewer than 50 workers, or other entities referred to in the first subparagraph of this paragraph with fewer than 50 workers.

Member States may provide that internal reporting channels can be shared between municipalities or operated by joint municipal authorities in accordance with national law, provided that the shared internal reporting channels are distinct from and autonomous in relation to the relevant external reporting channels.

Article 9

Procedures for internal reporting and follow-up

1. The procedures for internal reporting and for follow-up as referred to in Article 8 shall include the following:

(a) channels for receiving the reports which are designed, established and operated in a secure manner that ensures that the confidentiality of the identity of the reporting person and any third party mentioned in the report is protected, and prevents access thereto by non-authorised staff members;

(b) acknowledgment of receipt of the report to the reporting person within seven days of that receipt;

(c) the designation of an impartial person or department competent for following-up on the reports which may be the same person or department as the one that receives the reports and which will maintain communication with the reporting person and, where necessary, ask for further information from and provide feedback to that reporting person;

(d) diligent follow-up by the designated person or department referred to in point (c);

(e) diligent follow-up, where provided for in national law, as regards anonymous reporting;

(f) a reasonable timeframe to provide feedback, not exceeding three months from the acknowledgment of receipt or, if no acknowledgement was sent to the reporting person, three months from the expiry of the seven-day period after the report was made;

(g) provision of clear and easily accessible information regarding the procedures for reporting externally to competent authorities pursuant to Article 10 and, where relevant, to institutions, bodies, offices or agencies of the Union.

2. The channels provided for in point (a) of paragraph 1 shall enable reporting in writing or orally, or both. Oral reporting shall be possible by telephone or through other voice messaging systems, and, upon request by the reporting person, by means of a physical meeting within a reasonable timeframe.

CHAPTER V

PROVISIONS APPLICABLE TO INTERNAL AND EXTERNAL REPORTING

Article 16

Duty of confidentiality

1. Member States shall ensure that the identity of the reporting person is not disclosed to anyone beyond the authorised staff members competent to receive or follow up on reports, without the explicit consent of that person. This shall also apply to any other information from which the identity of the reporting person may be directly or indirectly deduced.

2. By way of derogation from paragraph 1, the identity of the reporting person and any other information referred to in paragraph 1 may be disclosed only where this is a necessary and proportionate obligation imposed by Union or national law in the context of investigations by national authorities or judicial proceedings, including with a view to safeguarding the rights of defence of the person concerned.

3. Disclosures made pursuant to the derogation provided for in paragraph 2 shall be subject to appropriate safeguards under the applicable Union and national rules. In particular, reporting persons shall be informed before their identity is disclosed, unless such information would jeopardise the related investigations or judicial proceedings. When informing the reporting persons, the competent authority shall send them an explanation in writing of the reasons for the disclosure of the confidential data concerned.

4. Member States shall ensure that competent authorities that receive information on breaches that includes trade secrets do not use or disclose those trade secrets for purposes going beyond what is necessary for proper follow-up.

Article 17

Processing of personal data

Any processing of personal data carried out pursuant to this Directive, including the exchange or transmission of personal data by the competent authorities, shall be carried out in accordance with Regulation (EU) 2016/679 and Directive (EU) 2016/680. Any exchange or transmission of information by Union institutions, bodies, offices or agencies shall be undertaken in accordance with Regulation (EU) 2018/1725.

Personal data which are manifestly not relevant for the handling of a specific report shall not be collected or, if accidentally collected, shall be deleted without undue delay.

Article 18

Record keeping of the reports

1. Member States shall ensure that legal entities in the private and public sector and competent authorities keep records of every report received, in compliance with the confidentiality requirements provided for in Article 16. Reports shall be stored for no longer than it is necessary and proportionate in order to comply with the requirements imposed by this Directive, or other requirements imposed by Union or national law.

2. Where a recorded telephone line or another recorded voice messaging system is used for reporting, subject to the consent of the reporting person, legal entities in the private and public sector and competent authorities shall have the right to document the oral reporting in one of the following ways:

(a) by making a recording of the conversation in a durable and retrievable form; or

(b) through a complete and accurate transcript of the conversation prepared by the staff members responsible for handling the report.

Legal entities in the private and public sector and competent authorities shall offer the reporting person the opportunity to check, rectify and agree the transcript of the call by signing it.

3. Where an unrecorded telephone line or another unrecorded voice messaging system is used for reporting, legal entities in the private and public sector and competent authorities shall have the right to document the oral reporting in the form of accurate minutes of the conversation written by the staff member responsible for handling the report. Legal entities in the private and public sector and competent authorities shall offer the reporting person the opportunity to check, rectify and agree the minutes of the conversation by signing them.

4. Where a person requests a meeting with the staff members of legal entities in the private and public sector or of competent authorities for reporting purposes pursuant to Articles 9(2) and 12(2), legal entities in the private and public sector and competent authorities shall ensure, subject to the consent of the reporting person, that complete and accurate records of the meeting are kept in a durable and retrievable form.

Legal entities in the private and public sector and competent authorities shall have the right to document the meeting in one of the following ways:

(a) by making a recording of the conversation in a durable and retrievable form; or

(b) through accurate minutes of the meeting prepared by the staff members responsible for handling the report.

Legal entities in the private and public sector and competent authorities shall offer the reporting person the opportunity to check, rectify and agree the minutes of the meeting by signing them.

CHAPTER VI

PROTECTION MEASURES

Article 19

Prohibition of retaliation

Member States shall take the necessary measures to prohibit any form of retaliation against persons referred to in Article 4, including threats of retaliation and attempts of retaliation including in particular in the form of:

(a) suspension, lay-off, dismissal or equivalent measures;

(b) demotion or withholding of promotion;

(c) transfer of duties, change of location of place of work, reduction in wages, change in working hours;

(d) withholding of training;

(e) a negative performance assessment or employment reference;

(f) imposition or administering of any disciplinary measure, reprimand or other penalty, including a financial penalty;

(g) coercion, intimidation, harassment or ostracism;

(h) discrimination, disadvantageous or unfair treatment;

(i) failure to convert a temporary employment contract into a permanent one, where the worker had legitimate expectations that he or she would be offered permanent employment;

(j) failure to renew, or early termination of, a temporary employment contract;

(k) harm, including to the person's reputation, particularly in social media, or financial loss, including loss of business and loss of income;

(l) blacklisting on the basis of a sector or industry-wide informal or formal agreement, which may entail that the person will not, in the future, find employment in the sector or industry;

(m) early termination or cancellation of a contract for goods or services;

(n) cancellation of a licence or permit;

(o) psychiatric or medical referrals.

Article 20

Measures of support

1. Member States shall ensure that persons referred to in Article 4 have access, as appropriate, to support measures, in particular the following:

(a) comprehensive and independent information and advice, which is easily accessible to the public and free of charge, on procedures and remedies available, on protection against retaliation, and on the rights of the person concerned;

(b) effective assistance from competent authorities before any relevant authority involved in their protection against retaliation, including, where provided for under national law, certification of the fact that they qualify for protection under this Directive; and

(c) legal aid in criminal and in cross-border civil proceedings in accordance with Directive (EU) 2016/1919 and Directive 2008/52/EC of the European Parliament and of the Council ([48]), and, in accordance with national law, legal aid in further proceedings and legal counselling or other legal assistance.

2. Member States may provide for financial assistance and support measures, including psychological support, for reporting persons in the framework of legal proceedings.

3. The support measures referred to in this Article may be provided, as appropriate, by an information centre or a single and clearly identified independent administrative authority.

Article 21

Measures for protection against retaliation

1. Member States shall take the necessary measures to ensure that persons referred to in Article 4 are protected against retaliation. Such measures shall include, in particular, those set out in paragraphs 2 to 8 of this Article.

2. Without prejudice to Article 3(2) and (3), where persons report information on breaches or make a public disclosure in accordance with this Directive they shall not be considered to have breached any restriction on disclosure of information and shall not incur liability of any kind in respect of such a report or public disclosure provided that they had reasonable grounds to believe that the reporting or public disclosure of such information was necessary for revealing a breach pursuant to this Directive.

3. Reporting persons shall not incur liability in respect of the acquisition of or access to the information which is reported or publicly disclosed, provided that such acquisition or access did not constitute a self-standing criminal offence. In the event of the acquisition or access constituting a self-standing criminal offence, criminal liability shall continue to be governed by applicable national law.

4. Any other possible liability of reporting persons arising from acts or omissions which are unrelated to the reporting or public disclosure or which are not necessary for revealing a breach pursuant to this Directive shall continue to be governed by applicable Union or national law.

([48]) Directive 2008/52/EC of the European Parliament and of the Council of 21 May 2008 on certain aspects of mediation in civil and commercial matters (OJ L 136, 24.5.2008, p. 3).

5. In proceedings before a court or other authority relating to a detriment suffered by the reporting person, and subject to that person establishing that he or she reported or made a public disclosure and suffered a detriment, it shall be presumed that the detriment was made in retaliation for the report or the public disclosure. In such cases, it shall be for the person who has taken the detrimental measure to prove that that measure was based on duly justified grounds.

6. Persons referred to in Article 4 shall have access to remedial measures against retaliation as appropriate, including interim relief pending the resolution of legal proceedings, in accordance with national law.

7. In legal proceedings, including for defamation, breach of copyright, breach of secrecy, breach of data protection rules, disclosure of trade secrets, or for compensation claims based on private, public, or on collective labour law, persons referred to in Article 4 shall not incur liability of any kind as a result of reports or public disclosures under this Directive. Those persons shall have the right to rely on that reporting or public disclosure to seek dismissal of the case, provided that they had reasonable grounds to believe that the reporting or public disclosure was necessary for revealing a breach, pursuant to this Directive.

Where a person reports or publicly discloses information on breaches falling within the scope of this Directive, and that information includes trade secrets, and where that person meets the conditions of this Directive, such reporting or public disclosure shall be considered lawful under the conditions of Article 3(2) of the Directive (EU) 2016/943.

8. Member States shall take the necessary measures to ensure that remedies and full compensation are provided for damage suffered by persons referred to in Article 4 in accordance with national law.

Article 22

Measures for the protection of persons concerned

1. Member States shall ensure, in accordance with the Charter, that persons concerned fully enjoy the right to an effective remedy and to a fair trial, as well as the presumption of innocence and the rights of defence, including the right to be heard and the right to access their file.

2. Competent authorities shall ensure, in accordance with national law, that the identity of persons concerned is protected for as long as investigations triggered by the report or the public disclosure are ongoing.

3. The rules set out in Articles 12, 17 and 18 as regards the protection of the identity of reporting persons shall also apply to the protection of the identity of persons concerned.

Article 23

Penalties

1. Member States shall provide for effective, proportionate and dissuasive penalties applicable to natural or legal persons that:

(a) hinder or attempt to hinder reporting;

(b) retaliate against persons referred to in Article 4;

(c) bring vexatious proceedings against persons referred to in Article 4;

(d) breach the duty of maintaining the confidentiality of the identity of reporting persons, as referred to in Article 16.

2. Member States shall provide for effective, proportionate and dissuasive penalties applicable in respect of reporting persons where it is established that they knowingly reported or publicly disclosed false information. Member States shall also provide for measures for compensating damage resulting from such reporting or public disclosures in accordance with national law.

Article 24

No waiver of rights and remedies

Member States shall ensure that the rights and remedies provided for under this Directive cannot be waived or limited by any agreement, policy, form or condition of employment, including a pre-dispute arbitration agreement.

CHAPTER VII

FINAL PROVISIONS

Article 25

More favourable treatment and non-regression clause

1. Member States may introduce or retain provisions more favourable to the rights of reporting persons than those set out in this Directive, without prejudice to Article 22 and Article 23(2).

2. The implementation of this Directive shall under no circumstances constitute grounds for a reduction in the level of protection already afforded by Member States in the areas covered by this Directive.

Article 26

Transposition and transitional period

1. Member States shall bring into force the laws, regulations and administrative provisions necessary to comply with this Directive by 17 December 2021.

2. By way of derogation from paragraph 1, as regards legal entities in the private sector with 50 to 249 workers, Member States shall by 17 December 2023 bring into force the laws, regulations and administrative provisions necessary to comply with the obligation to establish internal reporting channels under Article 8(3).

3. When Member States adopt the provisions referred to in paragraphs 1 and 2, those provisions shall contain a reference to this Directive or be accompanied by such a reference on the occasion of their official publication. Member States shall determine how such reference is to be made. They shall forthwith communicate to the Commission the text of those provisions.

〈和訳〉

欧州議会及び理事会指令（EU）2019/1937
2019年10月23日
EU法違反を通報する者の保護について

第１章
範囲，定義及び保護の条件

第１条
目　的

本指令の目的は，EU法違反を通報する者の高度な保護を提供する共通の最低基準を定めることにより，特定分野におけるEU法及び政策の執行を強化することである。

第２条
実体的適用範囲

1．本指令は，以下のEU法違反を通報する者の保護のための共通の最低基準を定める。

(a)　附属書に定めるEU法令の適用範囲内の違反であって，以下の分野に関するもの。

(i)　公共調達

(ii)　金融サービス，商品及び市場，並びにマネー・ロンダリング及びテロ資金供与の防止
(iii)　製品の安全性・コンプライアンス
(iv)　輸送の安全性
(v)　環境保護
(vi)　放射線防護及び原子力安全
(vii)　食品・飼料の安全，動物の健康・福祉
(viii)　公衆衛生
(ix)　消費者保護
(x)　プライバシー・個人情報の保護，ネットワーク・情報システムのセキュリティ

(b)　TFEU[1]第325条に規定され，かつ，関連するEUの措置において更に特定されるEUの財政的利益に影響を及ぼす違反。
(c)　TFEU第26条第2項に規定する域内市場に関する違反（EU競争法及び国家援助に係る規則の違反を含む），並びに，法人税に関する規則に違反し，又は適用ある法人税法の対象若しくは目的を潜脱する租税上の利益を得ることを目的とする策謀に関連する域内市場に関する違反。

2．本指令は，第1項の対象とならない分野又は法令に関し，国内法に基づく保護を拡大する加盟国の権限を妨げるものではない。

第3条
他のEU法令及び国内規定との関係

1．違反の通報に関する具体的な規則が附属書第2部に列挙されている特定分野のEU法令に定められている場合，それらの規則が適用される。本指令の規定は，事案がそれらの特定分野のEU法令において義務的に規制されていない範囲において適用されるものとする。
2．本指令は，国家安全保障を確保する加盟国の責任又は加盟国の本質的な安全保障上の利益を保護する権限に影響を与えないものとする。特に，防衛又は安全保障の側面を含む調達規則の違反の通報については，関連するEU法令の対象となっていない限り，適用しない。
3．本指令は，以下のいずれかに関連するEU法又は国内法の適用に影響を及ぼさないものとする。

(a)　機密情報の保護
(b)　法律専門職及び医療専門職の秘匿特権の保護
(c)　司法審議の秘密保持

1　作成者注：欧州連合の機能に関する条約（Treaty on the Functioning of European Union）の略

⒟ 刑事手続に関する規則

4．本指令は，労働者による代表者又は労働組合と協議する権利の行使，及びそのような協議によって引き起こされる不当な不利益な措置からの保護，並びに労使団体の自主性及び労働協約を締結する権利に関する国内規則に影響を及ぼすものではない。これは，本指令により付与された保護レベルに影響を与えることはない。

第4条

人的適用範囲

1．本指令は，業務に関連して違反に関する情報を入手した民間又は公共部門で働く通報者に適用するものとする。少なくとも以下の者を含む。

⒜ TFEU第45条第1項における労働者の地位を有する者（公務員を含む）

⒝ TFEU第49条における自営業者の地位を有する者

⒞ 持分権者及び事業体の管理，経営又は監督機関に属する者（業務執行役員でない者を含む）並びにボランティア及び有給又は無給の研修生

⒟ 請負業者，下請業者及び供給業者の指揮監督下で業務を行う者

2．本指令は，既に終了した業務上の関係において入手した違反に関する情報を通報又は公に開示する通報者に対しても適用するものとする。

3．本指令は，採用プロセス又はその他の契約前交渉の過程において違反に関する情報を入手した場合に，業務上の関係が未だ開始されていない通報者にも適用するものとする。

4．第6章に定める通報者の保護のための措置は，関連する場合には，次の者にも適用する。

⒜ 通報支援者

⒝ 通報者の同僚や親族など，通報者と関係を有し，業務上報復を受けるおそれのある第三者

⒞ 通報者が所有し，勤務し，又はその他業務関係の文脈における関係を有する法人

第5条

定　義

本指令において，以下の定義を適用する。

⑴「違反」とは，以下のいずれかに該当する作為又は不作為を意味する。

(i) 違法であり，第2条に定める実体的適用範囲に属するEU法令及び分野に関する作為又は不作為。

(ii) 第2条に定める実体的適用範囲に属するEU法令の規則の対象又は目的に反する分野の作為又は不作為。

⑵「違反に関する情報」とは，通報者が現に勤務し，若しくは勤務したことのあ

る組織，又は通報者が業務上の関係を現に有し若しくは有していた別の組織において発生した若しくは発生する恐れが非常に高い，実際の違反若しくは潜在的な違反に関する情報（合理的な疑いを含む）を意味する。それらの違反を隠匿する試みに関する情報を含む。

(3) 「通報」又は「通報する」とは，違反に関する情報の口頭又は書面による伝達を意味する。

(4) 「内部通報」とは，民間又は公共部門の法的主体内部における違反に関する情報の口頭又は書面による伝達を意味する。

(5) 「外部通報」とは，権限ある当局に対する違反に関する情報の口頭又は書面による伝達を意味する。

(6) 「公の開示」又は「公に開示する」とは，違反に関する情報を公知とすることを意味する。

(7) 「通報者」とは，自己の業務関連活動の文脈で取得した違反に関する情報を通報又は公に開示する自然人を意味する。

(8) 「通報支援者」とは，業務関係の文脈における通報プロセスにおいて，通報者を支援する自然人であって，その支援が機密であるべき者を意味する。

(9) 「業務関係の文脈」とは，公共又は民間部門における現在又は過去の業務活動であって，その活動の性質に関係なく，個人が違反に関する情報を取得し，かつ，そのような情報を通報した場合に報復を受ける可能性のあるものをいう。

(10) 「関係者」とは，通報又は公の開示において，違反の責任がある者又はその者と関係がある者として言及される自然人又は法人を意味する。

(11) 「報復」とは，業務関係の文脈において発生する直接的又は間接的な作為又は不作為であって，内部若しくは外部通報又は公の開示により引き起こされ，通報者に不当な不利益をもたらす，又はもたらす可能性のあるものを意味する。

(12) 「フォローアップ」とは，通報の受領者又は権限のある当局が，通報においてなされた申立ての正確性を評価し，関連する場合には，通報された違反に対処するために講じる措置を意味する。これには，内部照会，調査，訴追，資金回収のための措置又は手続の終了等の措置を含む。

(13) 「フィードバック」とは，通報者に対し，フォローアップとして計画又は実施される措置に関する情報，及び当該フォローアップの根拠に関する情報を提供することを意味する。

(14) 「権限ある当局」とは，第3章に従って通報を受領し，通報者にフィードバックを行うように指定された，及び/又は，特にフォローアップに関して本指令に規定された義務を遂行するように指定された国内当局を意味する。

第6条

通報者保護の条件

1．通報者は，以下を条件として，本指令に基づく保護の資格を有するものとする。

(a) 通報時において，通報した違反に関する情報が真実であり，かかる情報が本指令の適用範囲に属すると信じるにつき合理的な根拠を有していたこと。

(b) 第7条に基づく内部通報，第10条に基づく外部通報，又は第15条に基づく公の開示であること。

2．EU法に基づき匿名通報を提供する既存の義務に影響を与えることなく，本指令は,民間又は公共部門の法人及び権限ある当局が違反の匿名通報を受理し,フォローアップすることを要求されるか否かを決定する加盟国の権限に影響を及ぼさない。

3．匿名で違反に関する情報を通報又は公に開示した者であっても，その後に特定され，報復を受けた場合，第1項に定める条件を満たすことを条件として，第6章に定める保護を受ける資格を有する。

4．本指令の適用範囲に該当する違反をEUの関連機関，組織，部局又は専門機関に通報する者は，外部通報する者と同じ条件で，本指令に規定された保護を受ける資格を有する。

第2章

内部通報及びフォローアップ

第7条

内部通報チャネルによる通報

1．一般原則として，また，第10条及び第15条の規定に影響を与えることなく，違反に関する情報は，本章に定める内部通報チャネル及び手続を通じて通報することができる。

2．加盟国は，違反について内部で効果的に対処することができ，かつ通報者が報復の危険性がないと考える場合には，外部通報チャネルを通じて通報する前に，内部通報チャネルを通じて通報することを奨励するものとする。

3．第2項に規定する内部通報チャネルの利用に関する適切な情報は，第9条第1項(g)の規定に従って民間及び公共部門の法人が提供する情報並びに第12条第4項(a)及び第13条の規定に従って権限ある当局が提供する情報の文脈において提供されるものとする。

第8条

内部通報チャネルの確立義務

1．加盟国は，国内法に規定されている場合には，労使団体との協議及び合意の後，民間及び公共部門の法人が内部通報及びフォローアップのためのチャネル及び手続を確立することを保証するものとする。

2．本条第１項に規定するチャネル及び手続は，事業体の労働者が違反に関する情報を通報することを可能にするものでなければならない。また，第４条第１項(b)，(c)及び(d)並びに第４条第２項に規定する者であって，業務に関連する活動の文脈で事業体と接触している者が，違反に関する情報を通報することを可能にするものでなければならない。

3．第１項の規定は，50人以上の労働者を有する民間部門の法人に適用する。

4．第３項に定める基準は，附属書の第１部B及び第２部に規定するEU法令の範囲に該当する事業体には適用しないものとする。

5．通報チャネルは，その目的のために指名された個人又は部門によって内部的に運営されるか，又は第三者によって外部から提供されることができる。第９条第１項に規定する保護措置及び要件は，民間部門の法人の通報チャネルを運営する委託を受けた第三者にも適用される。

6．50人から249人の労働者を有する民間部門の法人は，通報の受領及び実施される調査に関してリソースを共有することができる。これは，機密保持を維持し，フィードバックを提供し，通報された違反に対処するために本指令が当該法人に課す義務に影響を与えるものではない。

7．事業体の活動の性質，及び，特に環境及び公衆衛生に関するその後のリスクレベルを考慮した適切なリスク評価の後，加盟国は，50人未満の労働者を有する民間部門の法人に対し，第２章に従って内部通報チャネル及び手続を確立するよう要求することができる。

8．加盟国は，第７項に従って民間部門の法人に内部通報チャネルを確立することを要求する決定を欧州委員会に通知するものとする。当該通知には，決定の理由及び第7項に規定するリスク評価に用いた基準を含めるものとする。欧州委員会は，その決定を他の加盟国に通知するものとする。

9．第１項は，公共部門のすべての法人（当該法人が所有又は支配する法人を含む）に適用するものとする。

加盟国は，居住者が10,000人未満又は職員が50人未満の自治体，又は本項の第１段落に定める労働者が50人未満のその他の事業体に対し，第１項に定める義務を免除することができる。

加盟国は，国内法に従って，内部通報チャネルを地方自治体間で共有し，又は共同の自治体当局が運営することができることを規定することができる。ただし，共有される内部通報チャネルは，関連する外部通報チャネルとは区別され，自律的であることを条件とする。

第９条

内部通報とフォローアップの手続

1．第８条に定める内部通報及びフォローアップの手続には，以下の事項が含まれるものとする。

(a) 通報者及び通報で言及される第三者の身元の秘密性が保護され，権限のない職員によるアクセスが防止されることを確実にする安全な方法で設計，確立及び運営される通報受領チャネル

(b) 通報者に対する通報の受領報告（受領後７日以内）

(c) 通報のフォローアップに適した公平な人物又は部門の指名（通報受領者と同一人物又は同一部門と同じであってもよく，通報者との連絡を維持し，必要な場合には当該通報者に追加情報を求め，フィードバックを提供する）

(d) （c）で規定する指定された者又は部門による入念なフォローアップ

(e) 匿名通報に関して国内法に定めがある場合における入念なフォローアップ

(f) フィードバックを提供するための合理的な期間。受領確認から３か月を超えないものとし，通報者に受領報告が送付されなかった場合には，通報が行われてから７日間の期間満了から３か月を超えないものとする。

(g) 第10条に基づく権限ある当局及び，関連する場合には，EUの機関，組織，部局又は専門機関への外部通報の手続に関する明確で容易にアクセス可能な情報の提供

2．第１項(a)に規定するチャネルは，書面若しくは口頭又はその双方による通報を可能とするものでなければならない。口頭による通報は，電話又は他の音声メッセージシステムを介して，また，通報者の要請があれば，合理的な期間内に実施する対面の会議によりなされるものとする。

第５章

内部及び外部通報に適用される規定

第16条

守秘義務

1．加盟国は，通報者の明示的な同意なしに，通報を受領又はフォローアップする権限を有する適切な職員以外の者に通報者の身元が開示されないようにするものとする。通報者の身元を直接的又は間接的に推定できるその他の情報についても同様とする。

2．第１項の例外として，第1項で規定する通報者の身元及びその他の情報は，関係者の防御の権利を保護する目的を含め，国内当局による調査又は司法手続の文脈においてEU法又は国内法によって課される必要かつ比例的な義務である場合に限り，

開示することができる。

3．第2項に定める例外に基づく開示は，適用されるEU規則及び国内規則に基づく適切な保護措置に従うものとする。特に，身元の開示前に通報者への通知を要するものとするが，当該情報が関連する調査又は司法手続を危うくする場合は，この限りでない。権限ある当局は，通報者に通知する際，通報者に当該秘密情報の開示理由の書面による説明を送付するものとする。

4．加盟国は，営業秘密を含む違反に関する情報を受領する権限ある当局が，適切なフォローアップのために必要な範囲を超えた目的で当該営業秘密を使用又は開示しないことを確保するものとする。

第17条

個人データの処理

本指令に従って実施される個人データの処理は，権限ある当局による個人データの交換又は送信を含め，規則（EU）2016/679[2]及び指令（EU）2016/680[3]に従って実施するものとする。EUの機関，組織，部局又は専門機関による情報の交換又は送信は，規則（EU）2018/1725[4]に従って行われる。

特定の通報の対応に明らかに関連しない個人データは収集しないものとし，誤って収集された場合は，不当な遅滞なく削除するものとする。

第18条

通報の記録保管

1．加盟国は，民間及び公共部門法人並びに権限ある当局が，第16条に規定された守秘義務要件に従って，受領したすべての通報の記録を保管することを確保するものとする。通報は，本指令が課す要件又はEU法若しくは国内法が課すその他の要件に適合するために必要かつ相応の期間を超えて保管してはならない。

2．録音される電話回線又は他の録音される音声メッセージシステムが通報に使用される場合，通報者の同意を条件として，民間及び公共部門の法人並びに権限ある当局は，次のいずれかの方法により口頭による通報を記録する権利を有する。

(a)　永続的かつ回復可能な形式で会話を録音する方法又は

(b)　通報対応を担当する職員が会話を完全かつ正確に書き起こす方法

民間及び公共部門の法人並びに権限のある当局は，通報者に対し，通報の記録を確認，修正及び署名により承認する機会を提供するものとする。

3．録音されない電話回線又は他の録音されない音声メッセージシステムが通報に使用される場合には，民間及び公共部門の法人及び権限ある当局は，通報対応を担当

2　作成者注：一般データ保護規則（General Data Protection Regulation：通称「GDPR」）
3　作成者注：法執行指令（Data Protection Law Enforcement Directive：通称「LED」）
4　作成者注：EU機関による個人データの保護に関する規則（通称「EUDPR」）

する職員が作成した正確な議事録の形式で，口頭による通報を記録する権利を有する。民間及び公共部門の法人並びに権限ある当局は，通報者に対し，議事録を確認，修正及び署名により承認する機会を提供するものとする。

4．第９条第２項及び第12条第２項に基づく通報を目的として，通報者が民間及び公共部門の法人又は権限ある当局の職員との会合を要請する場合には，民間及び公共部門の法人並びに権限ある当局は，通報者の同意を条件として，会合の完全かつ正確な記録が永続的かつ回復可能な形式で保管されることを確保する。

民間及び公共部門の法人並びに権限ある当局は，次のいずれかの方法により会合を記録する権利を有する。

(a) 永続的かつ回復可能な形式で会話を録音する方法

(b) 通報対応を担当する職員が会議の正確な議事録を作成する方法

民間及び公共部門の法人並びに権限ある当局は，通報者に対し，議事録を確認，修正及び署名により承認する機会を提供するものとする。

第６章
保護措置
第19条
報復の禁止

加盟国は，第４条に規定される者に対するあらゆる形態の報復（報復の脅迫及び報復の試みを含む。特に，以下の形態を含む）を禁止するために必要な措置を講じるものとする。

(a) 停職，レイオフ，解雇又はその他これらに準ずる処分

(b) 降格又は昇進の留保

(c) 職掌の変更，就業場所の変更，減給又は労働時間の変更

(d) 研修の留保

(e) 勤務評定又は経歴推薦状における否定的な評価

(f) 金銭的懲罰を含む全ての懲戒処分，けん責処分その他の懲罰の賦課又は執行

(g) 強制，脅迫，ハラスメント又は排斥

(h) 差別的，不利益的又は不公平な取り扱い

(i) 労働者が無期雇用を提示される合理的な期待を有していた場合における有期雇用の無期転換の不履行

(j) 有期雇用の更新拒絶又は早期終了

(k) 侵害行為（通報者の評判に対するものを含み，特にソーシャルメディアにおけるもの）又は経済的損失（機会損失及び収入の減少を含む）を与える行為

(l) 当該部門又は業界全体における非公式又は公式の合意に基づくブラックリスト

登録であって，必然的に，通報者が将来当該部門又は業界において就労できなくなるもの
(m) 商品又はサービス契約の早期終了又は解約
(n) ライセンス又は許可の取消
(o) 精神科又は医療機関の受診勧告

第20条

支援措置

1．加盟国は，第4条に規定された者が，必要に応じて，特に以下の支援措置にアクセスすることを確保するものとする。

(a) 包括的かつ独立した情報及び助言であって，公衆が容易にかつ無償で利用することができるものであって，利用可能な手続及び救済手段，報復に対する保護並びに関係者の権利に関するもの。

(b) 報復からの保護に関与する関係当局に対して，権限ある当局からの効果的な援助（国内法に規定されている場合には，本指令に基づく保護の資格を有することの証明を含む）。

(c) 欧州議会及理事会指令（EU）2016/1919[5]及び指令2008/52/EC[48]に従った刑事事件及び渉外民事事件における法的扶助，並びに国内法に従ったその他の事件の法律扶助及び法的助言又はその他の法的支援。

2．加盟国は，通報者に対し，法的手続の枠組みの中で，経済的支援及び精神的支援を含む支援措置を取ることができる。

3．本条に規定する支援措置は，適当な場合には，情報センター又は明確に特定された単一の独立行政機関によって提供される。

第21条

報復に対する保護措置

1．加盟国は，第4条に規定された者が報復から保護されることを確保するために必要な措置を講じるものとする。この措置には，特に，本条第2項ないし第8項に規定する措置を含む。

2．第3条第2項及び第3項に影響を与えることなく，本指令に従って違反に関する情報を通報し，又は公に開示した者は，情報の開示に関するいかなる制限にも違反したとはみなされないものとし，当該通報又公の開示に関していかなる責任も負わないものとする。ただし，当該情報の通報又は公の開示につき，本指令に従って違反を明らかにするために必要であったと信じる合理的な根拠を当該通報者が有して

5　作成者注：「法律扶助に関する指令」
48　民事及び商事事件における調停の特定の側面に関する2008年5月21日付欧州議会及び理事会指令2008/52/EC（OJ L 136, 24.5.2008, p.3）。

いた場合に限る。

3．通報者は，通報された情報又は公に開示された情報の取得又はアクセスに関して責任を負わないものとする。ただし，当該取得又はアクセスが，独立した犯罪を構成しないことを条件とする。取得又はアクセスが独立した犯罪を構成する場合，刑事責任は，適用される国内法に引き続き準拠する。

4．通報若しくは公の開示とは無関係な，又は本指令に従った違反を明らかにするために必要でない作為若しくは不作為に起因する通報者のその他の責任の可能性は，適用されるEU法又は国内法に引き続き準拠するものとする。

5．裁判所その他の機関における手続で，通報者が受けた不利益に関するものにおいて，その者が通報又は公の開示をしたこと及び不利益を受けたことを立証することを条件として，その通報又は公の開示に係る報復として不利益を受けたものと推定する。この場合において，当該不利益処分をした者は，当該処分が正当な理由に基づくものであることを証明しなければならない。

6．第４条に規定する者は，国内法に従い，報復に対する救済措置（訴訟手続が解決されるまでの暫定的な救済を含む）を適宜利用することができる。

7．法的手続（名誉毀損，著作権侵害，秘密保持違反，データ保護規則違反，営業秘密の開示，又は私的，公的若しくは集団労働法に基づく補償請求を含む）において，第４条に規定される者は，本指令に基づく通報又は公の開示の結果として，いかなる種類の責任も負わないものとする。これらの者は，当該通報は公の開示が違反を明らかにするために必要であると信じる合理的な根拠を有していたことを条件として，本指令に従って，当該通報又は公の開示に依拠して当該事案の却下を求める権利を有するものとする。

ある者が本指令の適用範囲に属する違反に関する情報を通報又は公に開示し，その情報に営業秘密が含まれる場合，かつその者が本指令の条件を満たす場合，かかる通報又は公の開示は指令（EU）2016/943[6]の第３条第２項の条件に基づき合法とみなされるものとする。

8．加盟国は，国内法に従って，第4条に定める者が被った損害に対して救済措置及び完全な補償が提供されることを確保するために必要な措置を講じるものとする。

第22条

関係者の保護のための措置

1．加盟国は，欧州連合基本権憲章に従い，関係者が効果的な救済及び公正な裁判を受ける権利並びに無罪の推定の原則及び聴聞を受ける権利及び記録にアクセスする権利を含む防御権を十分に享受することを確保するものとする。

6　作成者注：営業秘密指令

2．権限ある当局は，国内法に従い，通報又は公への開示に起因する調査が継続して行われる限り，関係者の身元が保護されることを確保する。

3．通報者の身元の保護に関する第12条，第17条及び第18条に定める規則は，関係者の身元の保護についても適用する。

第23条

罰　則

1．加盟国は，以下の自然人又は法人に適用される効果的，相応かつ抑止力ある罰則を規定するものとする。

(a)　通報を妨げる，又は妨げることを試みる者

(b)　第4条に規定する者に対して報復する者

(c)　第4条に規定する者に対して濫用的な訴訟提起をする者

(d)　第16条に規定する通報者の身元の守秘義務を維持する義務に違反する者

2．加盟国は，虚偽の情報を故意に通報又は公に開示したことが証明された場合，通報者に関して適用される効果的,相応かつ抑止力を有する罰則を定めるものとする。加盟国はまた，かかる通報又は公の開示から生じる損害を補償するための措置を国内法に従って規定するものとする。

第24条

権利及び救済の放棄の否定

加盟国は，本指令に定める権利及び救済手段が，紛争前の仲裁合意を含め，いかなる契約，方針，形式又は雇用条件によっても放棄又は制限されないことを保証するものとする。

第7章

最終規定

第25条

最優遇及び非退行条項

1．加盟国は，第22条及び第23条第2項に影響を与えることなく，本指令に定める規定よりも通報者の権利にとって有利な規定を導入又は保持することができる。

2．本指令の実施は，いかなる状況においても，本指令の対象となる分野において加盟国が既に与えている保護レベルを低下させる根拠にはならない。

第26条

国内法化及び移行期間

1．加盟国は，本指令に適合するために必要な法律，規則及び行政規定を2021年12月17日までに施行するものとする。

2．第1項の例外として，50人から249人の労働者を有する民間部門の法人に関して，

加盟国は，第８条第３項に基づく内部通報チャネルを確立する義務を遵守するために必要な法律，規則及び行政規定を2023年12月17日までに施行するものとする。

3．加盟国が第１項及び第２項に定める規定を採択する場合，これらの規定には，本指令への言及を含め，又はその公布時にかかる言及を添付するものとする。加盟国は，かかる言及の方法を決定するものとする。加盟国は，これらの規定の条文を直ちに委員会に通知する。

資料3　米国司法省『企業コンプライアンス制度の評価（2020年6月改訂版）』

（編者注：米国司法省が企業犯罪において罰金額を決定する際に，企業のコンプライアンス体制を評価する基準である。特に内部通報制度に関連する部分を抜粋した。）

U.S. Department of Justice
Criminal Division
Evaluation of Corporate Compliance Programs
(Updated June 2020)

D. Confidential Reporting Structure and Investigation Process

Another hallmark of a well-designed compliance program is the existence of an efficient and trusted mechanism by which employees can anonymously or confidentially report allegations of a breach of the company's code of conduct, company policies, or suspected or actual misconduct. Prosecutors should assess whether the company's complaint-handling process includes proactive measures to create a workplace atmosphere without fear of retaliation, appropriate processes for the submission of complaints, and processes to protect whistleblowers. Prosecutors should also assess the company's processes for handling investigations of such complaints, including the routing of complaints to proper personnel, timely completion of thorough investigations, and appropriate follow-up and discipline.

Confidential reporting mechanisms are highly probative of whether a company has "established corporate governance mechanisms that can effectively detect and prevent misconduct." JM 9-28.800; see also U.S.S.G. § 8B2.1(b)(5)(C) (an effectively working compliance program will have in place, and have publicized, "a system, which may include mechanisms that allow for anonymity or confidentiality, whereby the organization's employees and agents may report or seek guidance regarding potential or actual criminal conduct without fear of retaliation").

□**Effectiveness of the Reporting Mechanism** – Does the company have an anonymous reporting mechanism and, if not, why not? How is the reporting mechanism publicized to the company's employees and other third parties? Has it been used? Does the company take measures to test whether employees are aware of the hotline and feel comfortable using it? How has the company assessed the seriousness of the allegations it received? Has the compliance function had full access to reporting and investigative information?

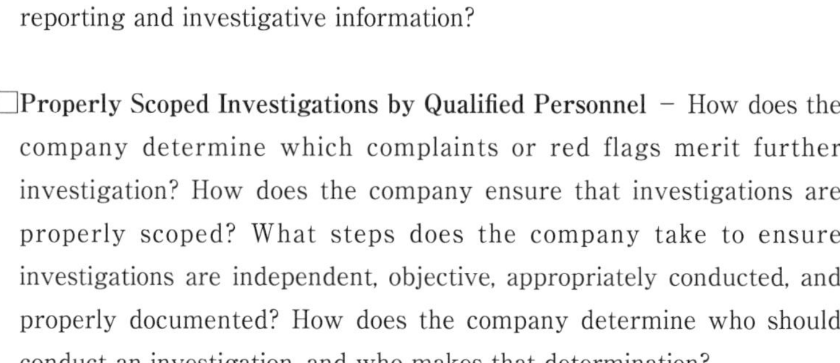

□**Properly Scoped Investigations by Qualified Personnel** – How does the company determine which complaints or red flags merit further investigation? How does the company ensure that investigations are properly scoped? What steps does the company take to ensure investigations are independent, objective, appropriately conducted, and properly documented? How does the company determine who should conduct an investigation, and who makes that determination?

□**Investigation Response** – Does the company apply timing metrics to ensure responsiveness? Does the company have a process for monitoring the outcome of investigations and ensuring accountability for the response to any findings or recommendations?

□**Resources and Tracking of Results** – Are the reporting and investigating mechanisms sufficiently funded? How has the company collected, tracked, analyzed, and used information from its reporting mechanisms? Does the company periodically analyze the reports or investigation findings for patterns of misconduct or other red flags for compliance weaknesses? Does the company periodically test the effectiveness of the hotline, for example by tracking a report from start to finish?

〈和訳〉

D. 秘密性が保たれた通報制度及び調査プロセス

さらに，適切に設計されたコンプライアンス制度の特徴として，従業員が匿名又は秘密性を保ち企業の行動規範，規則の違反又は実際の不正若しくは不正の疑いを通報することができる効率的で信頼される制度の存在がある。検察官は，企業の通報対応制度として，報復の恐れがない職場の雰囲気，報告の提出を適正に行う制度，及び内部通報者保護制度を構築するための，積極的な方策が含まれるかを分析すべきである。また，検察官は，適切な担当者に通報を委ね，徹底的な調査を素早く完了し，適切な事後対応及び懲戒を行うことなど，通報に関する調査を実施する企業制度を分析すべきである。

秘密性の保たれた通報制度は，企業が「実効的に不正を発見・阻止するコーポレート・ガバナンス制度を構築していること」を強く証明するものである（司法省マニュアル9-28.800，又連邦量刑ガイドラインU.S.S.G.§8B2.1(b)(5)(C)参照）（実効的なコンプライアンス制度には,「組織の従業員及び代理人が,匿名又は秘密性を認められて,報復の恐れなく潜在的又は実際の犯罪行為についての通報又は助言を求めることができる制度）が実施され周知されている」。

□**通報制度の実効性**―企業には匿名の通報制度があるか？ない場合，その理由は？企業の従業員及びその他第三者への通報制度の告知方法は？利用されたことがあるか？企業は従業員の通報制度の認知度及びその使い勝手を検証する方策をとっているか？企業は受け取った通報内容の深刻さを分析しているか？コンプライアンス部門は通報及び調査情報に100％アクセスできているか？

□**資格のある担当者による適正に範囲設定された調査**―企業はどの通報又はレッド・フラッグをさらに調査すべきかを決定しているか？企業は如何にして調査範囲の適切な設定を確保しているか？企業はどのようにして調査の独立性，客観性，適切な実施及び適正な書面化を確保しているか？企業は調査担当者をどのように決定しているか？その決定は誰が行っているか？

□**調査の対応**―企業は迅速対応を確保するために時間軸を設定しているか？企業は調査結果をモニターする制度，及び発見事項又は推奨事項対応へのアカウンタビリティを確保するための制度を持っているか？

□**リソース及び結果の検証**―通報制度及び調査制度に対して十分な資金が提供されているか？企業は，その通報制度から得られる情報を収集，確認，分析及び活用しているか？企業は，不正行為のパターンその他コンプライアンス上の脆弱性を示すレッド・フラッグに関して，通報又は調査発見事項を定期的に分析しているか？企業は，例えば，通報の最初から最後までを追跡するなど，通報制度の実効性を定期的に検証しているか？

資料4　グローバル内部通報規程（ひな型）

第1章　総則

第1条（目的）

1．本規程は，当社グループ（当社の連結子会社および当社が本規則に基づく通報制度の利用を認めた会社をいう。以下同じ）における違法又は不適切な行為を通報する制度について定め，それにより，当社グループが不正の防止，早期の発見と是正を図り，法令遵守を徹底し，高い倫理観を持って事業活動を行うことに資することを目的とする。

2．本規程は，［日本本社名］が定めるグループ共通の統一的通報窓口（以下，「本通報窓口」という。）に対する通報のみに適用され，各グループ会社の独自に定める通報窓口になされる通報，又は通常のレポーティングラインを通じて提起される問題（例えば，部下が上司に不正行為を報告すること）には適用されない。

3．本規程により通報が認められる当社グループの役職員その他の者は，不正が行われ，または行われようとしていることを知った場合，その通報制度を積極的に活用することが推奨される。

第2条（通報者の範囲）

本規程に基づき通報することができる者は，以下の各号に該当する者とする（以下，「通報者」という。）。

⑴　当グループの役員，従業員（契約社員，臨時雇用者，出向受入者を含む）及び派遣社員（退職者を含む）。

⑵　当グループの取引先の役員，従業員（契約社員，臨時雇用者，出向受入者を含む）及び派遣社員（退職者を含む）。

第3条（通報対象事項）

1．通報者は，当グループの業務に関連して，次のいずれかに該当する事実（まさに生じようとしている場合を含む）を本通報窓口に通報することができる。

⑴　贈収賄，独禁法違反

⑵　会計・税務に関する不正

⑶　利益相反

⑷　キックバック

(5) 差別，ハラスメント
(6) 横領，詐欺，窃盗，背任
(7) 暴行，脅迫
(8) 品質・検査偽装
(9) 個人情報保護関連法の違反
(10) 環境保護，健康，安全に関する法令違反
(11) 会社の機密事項の漏えい
(12) 契約，報告又は記録の偽造・変造
(13) インサイダー取引
(14) 会社資産の不正使用，破壊行為
(15) 通報に対する報復その他の本規程に違反する行為
(16) 上記各号につながる当グループの内部規則・手続違反

2．通報者はいかなる場合も，虚偽であることを知りながら根拠のない通報を行ってはならない。また，通報者は，上記のいずれにも該当しない給与その他の処遇又は業務評価への不満を本通報窓口に通報してはならず，これらの問題は各グループ会社の人事などの通常のレポーティングラインを通じて解決されるものとする。

第4条（現地法令との抵触）

本規程が各グループ会社に適用される現地法令に抵触する場合には，現地法令を優先して適用する。その場合，その現地法令の適用を明らかにする目的で，本規程の別紙,その現地法令による本規程の変更事項を記載する（疑いを避けるため,本規程の別紙に定めがない場合であっても，本規程と現地法令が抵触する場合には現地法令が優先する)。現地法の要件を満たす場合，通報者は通報内容を行政機関を含む第三者に通知することを妨げられない。

第2章　運営方法

第5条（本通報窓口）

1．本通報窓口の連絡先及びその通報の方法は，［日本本社名］の［法務コンプライアンス部門］（以下,「本社コンプライアンス部門」という。）が定め,当グループのイントラネット，各グループ会社の事業所に掲示されるポスターなどの広報手段を通じて通知される。

2．通報は，実名又は匿名で行うことができる。但し，匿名の場合には，調査担当者が通報者に連絡して通報事項に関する詳細情報を得ることが困難であるため,

実名で通報を行うことが推奨される。

第6条（調査）

1．本社コンプライアンス部門は，本通報窓口において通報を受け付けた場合には速やかに受領の確認を行い，その通報内容を精査し，通報事項に関して調査が必要であると判断した場合，事案の性質に従って，自らまたは当グループの適切な部署に指示して事実関係の調査を行う。

2．前項の調査を行う場合，調査担当者は，当グループの関連する部署及び役職員に協力を求め，必要に応じて法律事務所又は会計事務所などの外部専門家に調査を委託することができる。調査担当者から協力を求められた当グループの関連する部署及び役職員は，調査に協力する義務を負う。この場合，本社コンプライアンス部門は調査を担当する当グループの関連する部署又は外部専門家に個人情報を含む調査情報を共有することができる。

3．本条の調査を行う場合，通報内容につき利益相反が存在する者は調査に関与させないものとする。

第7条（是正・再発防止措置）

1．調査の結果，不正行為が明らかになった場合には，本社コンプライアンス部門は，［日本本社のチーフ・コンプライアンス・オフィサー］と協議の上，是正措置及び再発防止措置を定め，当グループの関連する拠点は速やかにそれを実施しなければならない。

2．前項の場合，その是正・再発防止措置の一環として，本社コンプライアンス部門は，現地法令及び各拠点の就業規則に従って当該行為に関与した者に対する懲戒処分を決定することができ，各拠点は速やかにそれを実施しなければならない。

3．本社コンプライアンス部門又はその指定する者は，通報者に対して，プライバシーその他の権利保護に支障のない範囲で，調査の結果，実施した是正措置及び再発防止措置の概略を通知する。

第3章　報復の禁止と秘密保持

第8条（通報者・協力者の保護）

1．当グループは，通報者が通報窓口に通報したこと，又は協力者が通報に関する事実関係の確認に協力したことを理由として，通報者及び協力者に対して，解雇，解任，降格，昇格の停止，減給，戒告，退職金の不支給，減額，不利益な配置転換，消極的な人事考課，ハラスメントを含む不利益な取扱いをしてはならない。

2．各拠点は，本社コンプライアンス部門の指示に従い，通報者・協力者が通報又は協力したことを理由として，通報者及び協力者の職場環境が悪化することのないように，適切な措置を執らなければならない。
3．それにも関わらず報復行為が行われたことが判明した場合には，本社コンプライアンス部門は，前条に従い，是正・再発防止措置を定め，当該行為に関与した者に対する懲戒処分を決定し，各拠点は速やかにそれを実施しなければならない。

第9条（秘密保持）
1．本社コンプライアンス部門は，通報内容その他の調査情報の秘密性を確保し，特に通報者を特定させる情報に関しては厳密に管理する。本規程により協力を求められた部署，本規程に定める業務に携わる社員等は，通報された内容及び調査で得られた個人情報の秘密性を確保し，本社コンプライアンス部門の要請に従って秘密保持に関する誓約書に署名を行うものとする。
2．当グループの役職員は，通報の匿名か否かに拘わらず，正当な理由なく通報者を特定させる情報を探索してはならない。
3．本条の違反が判明した場合には，本社コンプライアンス部門は，第7条に従い，是正・再発防止措置を定め，当該行為に関与した者に対する懲戒処分を決定し，各拠点は速やかにそれを実施しなければならない。

第4章　その他

第10条（主管部署）
本規程の主管部署は本社コンプライアンス部門とする。

第11条（本規程の制定，改定）
本規程は，当グループの各拠点において取締役会の決議その他の必要な現地法令上の手続を経て各拠点において強制力をもって適用される規則として制定されるものとする。

【執筆者紹介】

弁護士法人GIT法律事務所　代表社員・パートナー

弁護士・ニューヨーク州弁護士 西垣建剛

2020年４月弁護士法人GIT法律事務所を設立。同代表社員・パートナーに就任。1998年東京大学法学部卒業，2004年ニューヨーク大学ロースクール卒業（LLM）。
2000年から2020年まで大手渉外法律事務所に所属し，同事務所のパートナーを10年以上務める。国内の大手上場企業のためにグローバル内部通報制度の構築・運用を支援してきた。
国際訴訟・紛争解決，国内外の上場企業の不正に関する調査，米国FCPA（the Foreign Corrupt Practices Act）のコンプライアンス，製薬・医療機器メーカーのコンプライアンスに関する助言を行う。不正調査，米国FCPAに関して，多数のセミナーで講師を務める。国際仲裁，国際労働紛争の解決，GDPRを含む個人情報保護法関連のコンプライアンスなどの法的助言も行う。

弁護士法人GIT法律事務所　アソシエイト

弁護士 山本祐司

2009年早稲田大学法学部卒業，2012年東京大学法科大学院修了。
2014年の弁護士登録後，都内法律事務所にて，民事案件，企業法務，労働法務（労使双方），刑事・不正案件に従事する。2017年から2020年まで，大手冷凍食品メーカー法務部にて，国内外の契約審査，M＆A，GDPRを含む個人情報保護法関連のコンプライアンス，労働法務，社内不正・リスク案件などを手掛ける。
2020年９月より弁護士法人GIT法律事務所に入所。これらの他，国内外の上場企業の不正に関する調査，グローバル内部通報制度の構築・運用支援，国内外の訴訟・紛争対応なども行う。

弁護士法人GIT法律事務所　アソシエイト

弁護士 知念竜之介

2014年慶應義塾大学卒業，2016年中央大学法科大学院修了。
弁護士登録後，都内法律事務所において一般企業法務を中心に，知的財産法務，企業間紛争事件，M＆A，借地借家事件，一般民事事件など幅広い業務に従事する。特に，知的財産法務については，出願書類のレビュー（商標については出願手続の代理も行う。）から，無効審判，鑑定書・見解書の作成，侵害訴訟まで一貫したサポートを行う。
2022年２月に弁護士法人GIT法律事務所に入所後，国内外の上場企業の不正に関する調査，グローバル内部通報制度の構築・運用支援なども行う。

【編者紹介】

弁護士法人GIT法律事務所

2020年設立。グローバル内部通報制度の構築・運用支援の他，贈賄防止（FCPA）のコンプライアンス，製薬・医療機器関連の法務，IT関連法務，国際訴訟，国際仲裁，不正調査，契約交渉を中心に，国際的な法務サービスを提供している。グローバルネットワークを駆使し，国際法務で研鑽を積んだ弁護士により，どこまでも現実に即した，真に実効的なリーガル・ソリューションを提供する。

所在地：郵便番号100-0006　東京都千代田区有楽町１-12-１　新有楽町ビル８階
電話：03-6206-3283（代表）
ホームページ：https://www.giandt-law.com

グローバル内部通報制度の実務

2022年５月１日　第１版第１刷発行

編　者　弁護士法人GIT法律事務所
発行者　山　本　継
発行所　㈱中央経済社
発売元　㈱中央経済グループパブリッシング

〒101-0051　東京都千代田区神田神保町1-31-2
電話　03（3293）3371（編集代表）
03（3293）3381（営業代表）
https://www.chuokeizai.co.jp

印刷／㈱堀内印刷所
製本／㈲井上製本所

＊頁の「欠落」や「順序違い」などがありましたらお取り替えいたしますので発売元までご送付ください。（送料小社負担）

ISBN978-4-502-42741-1　C3034